Christian A. Schwarz

O Desenvolvimento Natural da Igreja

Um guia prático para as oito marcas de qualidade essenciais das igrejas saudáveis

APRESENTANDO A ESPIRAL DE CRESCIMENTO

3ª edição
Revista & Atualizada

2010
Curitiba

editora
ESPERANÇA
para uma vida melhor

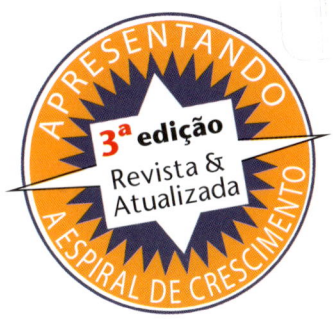

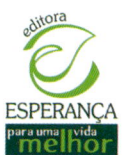

"O Desenvolvimento Natural da Igreja" foi publicado em 40 idiomas e está à disposição em 70 países.

Todas as edições, nos diversos idiomas, estão disponíveis pela Internet:
www.ncd-international.org

Leitores registrados deste livro receberão acesso livre ao web site **www.ncd-international.org/community**. Lá você encontrará:

• Os gráficos deste livro para uso em suas apresentações
• Respostas às perguntas mais frequentes
• Seis mini-seminários do autor dos conceitos básicos do DNI

Seu código de acesso para esse web site é: **NCD-US-531-246-195**

www.dnibrasil.com.br
contato@dnibrasil.com.br
facebook.com/DNIBrasil
instagram.com/dni.brasil

Dados Internacionais de Catalogação na Publicação (CIP)
(Câmara Brasileira do Livro, SP, Brasil)

Schwarz Christian A.
    O desenvolvimento natural da igreja : guia prático para as oito marcas de qualidade essenciais das igrejas saudáveis / Christian A. Schwarz; Valdemar Kroker. - Curitiba: Editora Evangélica Esperança, 2010.

    Título original: Die Natürliche Gemeindeentwicklung nach den Prinzipien, die Gott selbst in seine Schöpfung gelegt hat.
Bibliografia

ISBN 3ª edição 978-85-7839-024-2

    1. Igreja - Crescimento 2. Novas igrejas - Desenvolvimento I. Título

02-5201   CDD-254.5

Índice para catálogo sistemático:
1. Igreja : Desenvolvimento natural : cristianismo 254.5

Título do original em alemão: Die Natürliche Gemeindeentwicklung
Copyright © 1996   Christian A. Schwarz
Capa: Heidenreich Kommunikationsdesign
Caricaturas: Stefan M. Schwary
Supervisão editorial: Walter Feckinghaus
3ª edição brasileira: fevereiro de 2010
Edição: Sandro Bier
Revisão 3ª edição: Josiane Zanon Moreschi
Revisão de prova: Sandro Bier

Publicado no Brasil com a devida autorização e com todos os direitos reservados pela

EDITORA EVANGÉLICA ESPERANÇA
Rua Aviador Vicente Wolski, 353
Bacacheri - Curitiba - PR
CEP 82510-420
Fone: (41) 3022-3390
comercial@editoraesperanca.com.br
www.dnibrasil.com.br
www.editoraesperanca.com.br

10 anos de DNI: O que foi alcançado?

Prefácio

Quando a primeira edição do livro *O Desenvolvimento Natural da Igreja* foi publicada em 1996, ele não só deu início a uma intensa discussão, e muitas vezes, controvérsia sobre o crescimento da igreja, mas também iniciou um movimento mundial pela saúde da igreja. Hoje, existem ministérios nacionais de DNI em 70 países e mais de 50.000 igrejas iniciaram o seu próprio processo de DNI.

Recentemente, foram selecionadas todas as igrejas que fizeram três ou mais Perfis do DNI e comparados os seus números iniciais (no momento de seu primeiro questionário) com seus resultados do terceiro questionário, que foi concluído, em média, 31 meses depois. Nesse período, a qualidade dessas igrejas havia crescido seis pontos em média. Estou bem ciente de que este "índice de qualidade" não diz muito para quem não está familiarizado com o DNI, mas aqueles que estão envolvidos sabem que este é o indicativo do aumento da presença de amor, perdão, respostas de oração, sabedoria, poder espiritual, e inúmeros outros fatores de qualidade nessas igrejas.

Pela graça de Deus, o DNI tem avançado a partir da apropriação de princípios globais para uma vida vibrante em um movimento global.

Mas o que dizer da quantidade? Será que o foco na qualidade (ou saúde) da igreja realmente resulta em crescimento numérico, conforme o que anuncia o DNI?

Aqui estão os resultados. Até o período do terceiro questionário a taxa média de crescimento das igrejas participantes havia aumentado em 51%. Em outras palavras, se uma igreja tem crescido a uma taxa de 10 pessoas por ano antes do início do processo, esse número aumentou para 15 pessoas por ano, 31 meses mais tarde. Se uma igreja acrescentasse anteriormente 200 pessoas por ano, agora haveria 302. Também foi possível observar que, devido ao processo de DNI, o percentual de transferências diminuiu, enquanto o percentual de crescimento de conversões aumentou.

51% de aumento na taxa de crescimento

Estes números não são de apenas algumas histórias de sucesso selecionadas. Pelo contrário, estes são os resultados *médios* de todas as igrejas que fizeram três ou mais Perfis. Eles incluem igrejas que fizeram progressos fantásticos, bem como aquelas que lutaram e fracassaram. Em outras palavras, é totalmente possível adotar estas estatísticas como o resultado final do processo de DNI.

Incluindo as falhas

Prefácio

Você provavelmente pode bem imaginar como os últimos dez anos foram os mais desafiadores e mais gratificantes anos da minha vida. Quando finalmente pude ver os frutos do ministério, após muitos anos de trabalho de base, muitas vezes abstrato, altamente técnico ou extremamente frustrante que teve de ser feito na década anterior à publicação do *Desenvolvimento Natural da Igreja*.

Mudando para uma nova geração de ferramentas

Pela graça de Deus, o DNI tem avançado a partir da abstração de princípios globais para uma vida vibrante em um movimento global. Isso é verdadeiramente uma razão para dar graças ao Senhor. Também é uma boa razão para revisar e atualizar este livro, a fim de torná-lo plenamente compatível com todas as outras ferramentas do DNI que foram desenvolvidas sobre ele há alguns anos.

Realce as Cores do seu Mundo com o Desenvolvimento Natural da Igreja, originalmente publicado em Inglês, Espanhol e Alemão, agora está disponível em Português vários outros idiomas. É utilizado como livro base para a implementação do DNI.

O ano de 2006 marcou o aniversário de dez anos da primeira edição do *Desenvolvimento Natural da Igreja*. É também o ano em que implementamos uma série de acréscimos e modificações significativas dentro da "caixa de ferramentas do DNI":

1. O **Perfil do DNI** está sendo apresentado de uma forma completamente revista. Avaliar os dados de 45.000 igrejas nos permitiu projetar um questionário novo e melhorado. O progresso tecnológico tornou possível a oferta da pesquisa em um formato eletrônico, baseado na Internet.

2. 2006 foi o ano da primeira **campanha DNI**, um esforço conjunto de milhares de igrejas, em todos os seis continentes, para envolver toda a igreja no processo do DNI e, assim, experimentar um progresso significativo, como resultado de um processo de cinco semanas.

3. O livro **Realce as Cores do seu Mundo com o Desenvolvimento Natural da Igreja**, foi publicado em Inglês, Espanhol e Alemão em 2005, e agora está sendo disponibilizado em Português e vários outros idiomas. Enquanto o *Desenvolvimento Natural da Igreja* foi escrito principalmente para os pastores e líderes da igreja, *Realce as Cores do seu Mundo com o DNI* foi concebido tendo em mente cada membro ativo da igreja.

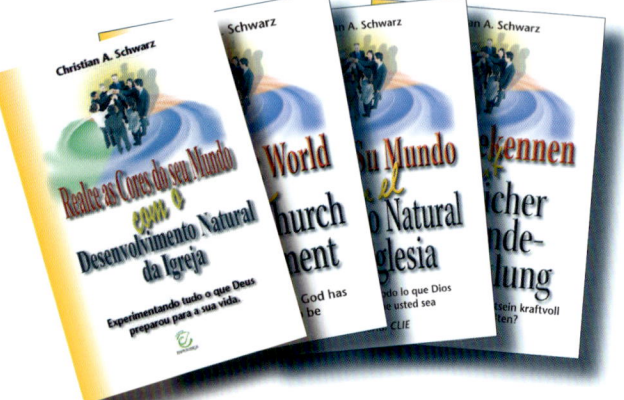

Prefácio

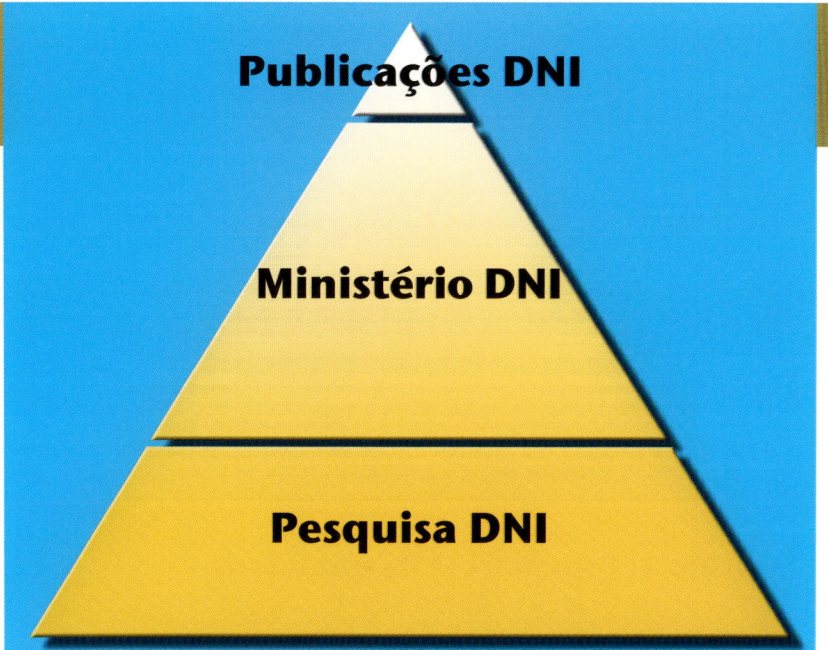

Na Pirâmide do Conhecimento do DNI podemos visualizar que, embora as publicações do DNI tenham grande visibilidade, a maior parte do trabalho é investida em ministérios e nas igrejas, em sua pesquisa teológica e empírica.

4   Finalmente, a **Espiral de Crescimento do DNI** foi lançada em 2006. Este conceito que foi desenvolvido pelo parceiro australiano do DNI tem o potencial de revolucionar o processo de implementação. Por essa razão, incluí uma introdução básica à Espiral de Crescimento no último capítulo deste livro (págs. 107-125).

Embora o livro *Realce as Cores do seu Mundo com o Desenvolvimento Natural da Igreja* abranja todos os princípios do DNI, assim como este livro faz, o propósito deste é descrever as descobertas do projeto de pesquisa original, que foi realizado entre 1994 e 1996, com 1.000 igrejas.

Três autoridades fundamentais

Enquanto o *Desenvolvimento Natural da Igreja* baseia suas conclusões na **ciência**, *Realce as Cores do seu Mundo com o DNI* se baseia principalmente na **experiência**. Eu estou em processo de escrita de uma terceira introdução básica ao DNI, o *Desenvolvimento Natural da Igreja e a Palavra de Deus*, que irá apresentar a autoridade dos princípios fundamentais por trás do DNI: a **Escritura**.

Estou convencido de que essas três fontes, a ciência, a experiência e a Escritura, mesmo não tendo o mesmo peso, devem se unir para construir uma base sólida para um movimento internacional ardente por experimentar o crescimento sustentável.

Maio 2006   Christian A. Schwarz

Índice **O Desenvolvimento Natural da Igreja**

Prefácio: 10 anos de DNI 3

Introdução — 8

Abandonando a forma tecnocrática de pensar 8
O que é "desenvolvimento natural de igreja"? 10
Descobrindo as forças de crescimento dadas por Deus 12
O princípio do "por si mesmo" na Bíblia 14

Capítulo 1: Oito marcas de qualidade — 17

Crescimento da igreja – a queda de um mito 18
O projeto internacional de pesquisa 20
"Crescimento" é o critério ideal? 22
Marca nº 1: Liderança capacitadora 24
Marca nº 2: Ministérios orientados pelos dons 26
Marca nº 3: Espiritualidade contagiante 28
Marca nº 4: Estruturas eficazes 30
Marca nº 5: Culto inspirador 32
Marca nº 6: Grupos pequenos 34
Marca nº 7: Evangelização orientada para as necessidades 36
Marca nº 8: Relacionamentos marcados pelo amor fraternal ... 38
Nenhuma marca de qualidade pode faltar 40
O ponto de partida qualitativo 42
Por que alvos de crescimento numérico são inadequados 44
Como definir objetivos qualitativos 46
Igrejas grandes são igrejas sadias? 48

Capítulo 2: O fator mínimo — 51

Concentração das forças disponíveis 52
A figura do barril mínimo 54
Ilustrações da agricultura 56
Fator mínimo ou fator máximo? 58
Como utilizar seus pontos fortes 60
Cuidado com "igrejas-modelo" 62

Índice

Capítulo 3: Seis forças de crescimento — 65

Tecnocrático ou natural?	66
Por que a tecnocracia não funciona	68
Primeiro princípio: Interdependência	70
Segundo princípio: Multiplicação	72
Terceiro princípio: Transformação de energia	74
Quarto princípio: Sustentabilidade	76
Quinto princípio: Simbiose	78
Sexto princípio: Frutificação	80
Forças de crescimento de Deus: o contrário do usual	82
Aprender a pensar naturalmente	84

Capítulo 4: Um novo paradigma — 87

Imagens equilibradas na Bíblia	88
Perigos à direita e à esquerda	90
O paradigma tecnocrático	92
O paradigma da espiritualização	94
As consequências dos falsos paradigmas	96
Consequências teológicas	98
O que isso significa na prática?	100
Podemos "fazer" uma igreja crescer?	102
Por que o pragmatismo leva a um beco sem saída?	104

Capítulo 5: A espiral de crescimento do DNI — 107

Informação, aplicação e transformação	108
As seis fases do Ciclo	110
A fase de Observação	112
A fase de Teste	114
A fase de Entendimento	116
A fase de Planejamento	118
A fase de Execução	120
A fase de Vivência	122
Um processo contínuo	124
Epílogo: Crescimento da igreja na força do Espírito Santo	126
Os próximos passos	128

Introdução

Abandonando a forma tecnocrática de pensar

Deixando para trás programas de sucesso imaginados por homens e abraçando os princípios de crescimento que Deus deu à sua criação.

Por que tantos cristãos estão tão céticos em relação às propostas do movimento do crescimento de igreja? Será que é porque não querem crescimento na sua igreja? Ou porque rejeitam, categoricamente, a questão da eficácia maior no seu trabalho? Ou ainda porque não reconhecem a prioridade da Grande Comissão?

É verdade que há pessoas que se encaixam em todos esses aspectos. Mas seria uma simplificação exagerada imaginar que a resistência venha somente dos grupos citados. A minha experiência é a seguinte: muitos cristãos que têm um desejo profundo por crescimento, cujos corações estão ardendo pelos perdidos e que estão dispostos a avaliar criticamente a sua própria forma de trabalho, nunca se identificaram com o movimento do crescimento de igreja. Eles têm a impressão de que nesse movimento sempre são apresentadas receitas simplistas que, na prática, não funcionam. Eles estão constantemente desconfiados de que nesse movimento há pessoas pensando que podem fazer com as próprias forças aquilo que só Deus pode fazer. Mas, sem dúvida, essa é a imagem que muitos têm do movimento de crescimento de igreja: um empreendimento tecnocrático, inclusive naqueles aspectos em que é enfatizado o lado espiritual do empreendimento.

Crescimento de igreja pelas próprias forças

O que significa, no entanto, crescimento de igreja pelas próprias forças? Observe o desenho abaixo: uma carroça com quatro rodas quadradas, transportando uma enorme quantidade de rodas extremamente úteis e funcionais, empurrada e puxada por duas pessoas, que, é verdade, estão se esforçando muito, mas descobrem que o empreendimento é cansativo, vagaroso e frustrante.

Para mim, isso é mais do que uma simples caricatura. É, na verdade, uma descrição profética da situação de muitas áreas da Igreja de Jesus. Que a igreja progride é fato, mas muito lentamente. E por que é assim? Se perguntarmos aos dois protagonistas da ilustração o porquê da dificuldade, talvez recebamos a seguinte resposta: "O vento contra está muito forte." Ou: "Porque estamos empurrando a carroça morro acima."

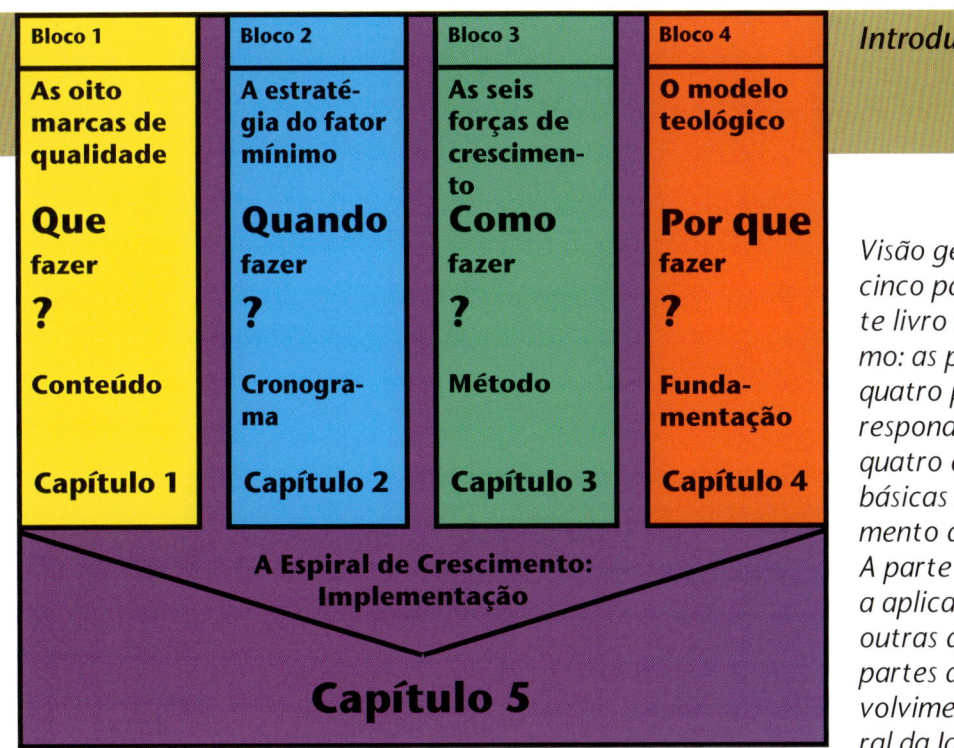

Introdução

Visão geral das cinco partes deste livro em resumo: as primeiras quatro partes respondem a quatro questões básicas do crescimento da igreja. A parte 5 aborda a aplicação das outras quatro partes do Desenvolvimento Natural da Igreja.

Em muitos casos, estas respostas estão corretas. Muitas vezes, o vento está realmente soprando forte contra nós e também o caminho que muitas vezes a igreja precisa trilhar é íngreme. Mas a ilustração nos ajuda a entender que esse não é o problema real. A dificuldade continuaria, mesmo que as condições externas fossem mais favoráveis.

Com essa comparação, descobrimos algo essencial: do ponto de vista de Deus todos os meios para a edificação da igreja estão à disposição há muito tempo. O problema consiste em não usarmos os meios que Deus nos dá. Em vez de usarmos as ferramentas que Deus nos deu, tentamos empurrar e puxar a carroça com as nossas forças. É isso que eu quero dizer com tecnocracia de edificação de igreja. Não significa que os dois protagonistas do quadro sejam pessoas não espirituais. Também não significa que o objetivo de colocar a igreja em movimento esteja errado. Significa simplesmente que o método com que querem alcançar esse objetivo não é satisfatório.

Alternativa natural

Este livro está baseado em uma estratégia diferente de edificação de igreja. Nós a denominamos Desenvolvimento Natural da Igreja (DNI). "Natural" porque estamos redescobrindo as leis da natureza na sua aplicação ao funcionamento da igreja. Isso significa liberar os mecanismos automáticos de crescimento com que Deus equipou a Igreja, em vez de tentar fazer tudo por esforços próprios.

Introdução

O que é "desenvolvimento natural de igreja"?

Muitos conceitos de crescimento de igreja só se fixam nos frutos, mas não levam em conta as raízes que, de fato, produzem esses frutos.

Por que chamar nossa abordagem para a edificação de igreja de "desenvolvimento natural de igreja"? Ora, natural porque estamos aprendendo da natureza. Aprender da natureza significa aprender da criação de Deus. Aprender da criação significa aprender de Deus, o criador.

Para ilustrar essa forma de trabalho geralmente uso a foto ao lado. Ela nos mostra diversos processos orgânicos de crescimento. A maioria dos autores do crescimento de igreja iria concordar comigo no fato de que é importante aprender dessas leis. O problema existe porque alguns dos conceitos, tão populares nesse campo, simplesmente não se aprofundam o suficiente. São literalmente superficiais e assim estão cegos em relação à realidade existente logo abaixo da superfície: a constituição do solo, a forma de ação das raízes, a função (tão importante) das minhocas.

Pergunta: Por que cresce a grama retratada na foto? Será que ela tem por objetivo "crescer 30 centímetros até junho de 2011"? Pode ser que este seja o seu segredo. Mais tarde vamos voltar ao assunto dos objetivos de crescimento quantitativo. Mas quero, já aqui, chamar a atenção para o fato de que é impossível achar resposta apropriada a essa pergunta, enquanto não dermos o devido valor à realidade que está abaixo da superfície. E esse é exatamente o foco estratégico do Desenvolvimento Natural de Igreja.

Isso não é "teologia natural"?

Há o debate na teologia sobre a conveniência do uso das leis da natureza como modelo para a reflexão teológica. As ressalvas são justificadas, pois esse procedimento denominado theologia naturalis, na linguagem técnica da teologia, é realmente problemático na medida em que trata de teologia estritamente falando, ou seja, do conhecimento de Deus. Levado às últimas consequências, conduz à ilusão de que podemos conhecer a Deus pelos nossos esforços, sem Cristo, sem cruz e sem revelação. Entretanto, quando falamos de desenvolvimento natural da igreja, não se trata do conhecimento de Deus, mas do conhecimento de princípios de edificação da igreja. E, nesse contexto, a forma que se baseia nos princípios da criação não só me parece legítima como recomendável.

Jesus mesmo, com muita frequência, se utilizou de comparações com a natureza, principalmente da agricultura para explicar as leis que regem o reino de Deus: os lírios do campo, o campo arado com os quatro tipos de solo, a árvore com os seus frutos, as leis da semeadura e da colheita e outros mais. Muitos expositores argumentam que Jesus falou dessa forma porque os seus ouvintes

Introdução

As leis do crescimento orgânico: alguns conceitos de crescimento da igreja, literalmente, ficam na superfície apenas estudando o fruto, enquanto as raízes, que são responsáveis por produzir o fruto, são negligenciadas.

viviam em uma região marcada pelo trabalho no campo e por isso eram especialmente acessíveis por meio desse tipo de linguagem figurada. Estou convencido, no entanto, de que essa explicação é insuficiente. Se Jesus vivesse e trabalhasse no mundo de hoje ele certamente não substituiria aquelas ilustrações por exemplos do mundo da informática, como por exemplo, "o reino de Deus é como um software de computador; o que você obtém de resultados depende das suas entradas". Esse tipo de figura tecnocrática não teria relação alguma com o segredo da vida. Na esfera do mundo orgânico valem leis diferentes daquelas do mundo técnico.

Aprendendo com os "lírios do campo"

Encontramos um exemplo típico para essa forma de entender as coisas na Bíblia, em Mateus 6.28: "Vejam como crescem os lírios do campo". A palavra grega que está por trás de "vejam" ("considerai", na versão Almeida Revista e Atualizada), *katamathete*, significa mais do que simplesmente "considerar". É a forma intensiva de manthano, e este verbo significa "aprender", "examinar", "pesquisar". Quando no grego o prefixo *kata* é colocado diante de uma palavra, o significado original é intensificado. Isso significa que, nesse caso, traduziríamos a palavra por "aprender cuidadosamente", "examinar com precisão", "pesquisar com toda dedicação".

E o que devemos pesquisar e examinar com tanto cuidado? É claro que não é a beleza dos lírios, mas expressamente os seus mecanismos de crescimento ("como crescem"). Esses devemos estudar, examinar e sobre eles devemos refletir, tudo isso está implícito no imperativo *katamathete*, para sintonizarmos melhor com as leis do reino de Deus.

Introdução
Descobrindo as forças de crescimento dadas por Deus

O potencial natural é o conceito que o próprio criador colocou na sua criação.

Quem estuda a criação de Deus e os seus mecanismos de funcionamento – seja ele cristão ou não –, se depara com o que os cientistas chamam de potencial natural. Como definem os ecologistas, trata-se da "capacidade inerente de um organismo ou de uma espécie de se multiplicar e se reproduzir por si mesma". Esse conceito é totalmente desconhecido no mundo da tecnologia. Nenhuma máquina tem a "capacidade de se reproduzir por si mesma". É verdade que uma máquina de café produz café, mas não outra máquina de café. Na natureza, isso é totalmente diferente. Na criação de Deus um pé de café produz grãos de café que por sua vez produzem novos pés de café. Era intenção de Deus colocar essa perpetuidade em sua criação deste o princípio. Esse é o segredo de toda vida. É o princípio criador de Deus.

Em processos naturais o que vale é evidenciar ao máximo esse potencial natural. A diferença entre o potencial natural e o crescimento que acontece em condições tanto de campo natural quanto em laboratório, é chamado de "resistência do ambiente". O que interessa não é produzir crescimento e multiplicação, mas reduzir ao máximo a resistência do ambiente. Aí, sim, o crescimento acontece por si mesmo.

O potencial natural na igreja

O mesmo é válido para o desenvolvimento de igreja. A nossa tarefa não é produzir crescimento de igreja, mas liberar o potencial natural que Deus já colocou na igreja. Cabe a nós, portanto, minimizar os obstáculos ao crescimento (a resistência do ambiente), sejam eles internos ou externos da igreja.

Como temos pouco controle sobre os fatores fora da igreja, deveríamos nos concentrar nos fatores internos, que podem inibir o crescimento e a multiplicação da igreja. Dessa forma, o crescimento de igreja acontecerá por si mesmo. Deus faz o que prometeu: ele dá o crescimento (1Co 3.6).

O princípio da auto-organização

Uma lei básica, presente em toda a criação de Deus, é o princípio da auto-organização. A pesquisa secular de sistemas denomina este fenômeno de autopoiesis (criando-se a si mesmo). Entretanto, este deveria ser denominado de theopoiesis (criado por Deus). Por trás desse princípio está escondido um segredo enorme. Se transferirmos esse conceito para o organismo igreja, vale perguntar: como organizamos auto-organização? O que podemos fazer para liberar aquilo que denominamos de potencial natural?

Introdução

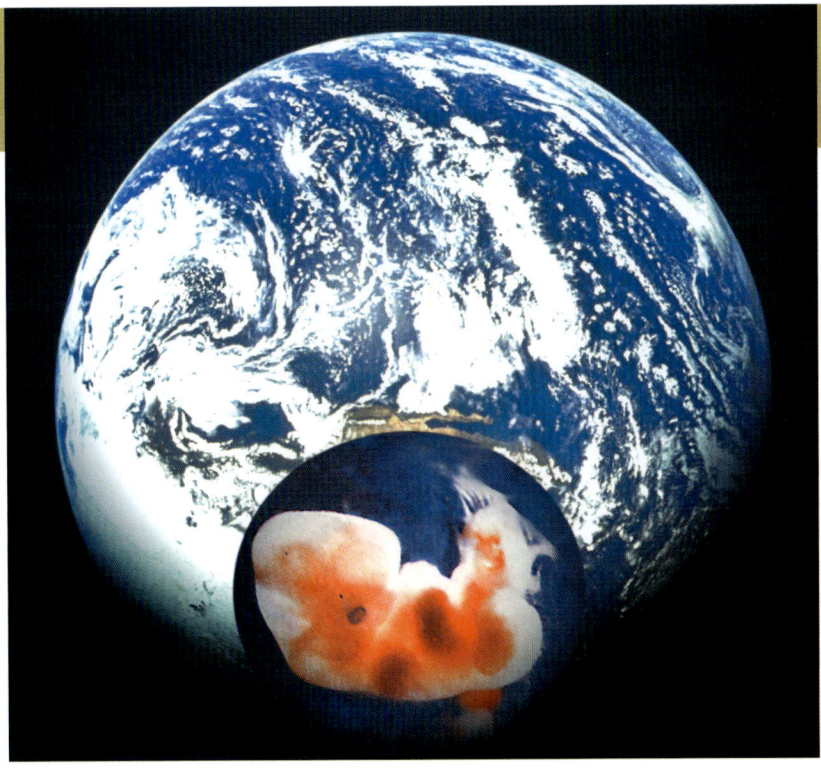

Aprendendo com a criação de Deus: o princípio da auto-organização é evidente em toda a natureza, desde o mais ínfimo microorganismo até as leis que regem o universo.

Como estamos contribuindo para que as forças de crescimento, com as quais Deus equipou a sua igreja, funcionem sem maiores empecilhos? No fundo essas três perguntas são apenas formulações diferentes de um mesmo questionamento. As quatro pedras fundamentais do DNI: as "marcas de qualidade", o "fator mínimo", os "princípios da natureza" e o "novo paradigma," giram em torno da resposta a essa pergunta.

E isso não é esotérico?

Um fator complicador para a nossa reflexão sobre esse tema é o fato de que uma parte da literatura não cristã que trata desse princípio tem uma conotação um tanto esotérica. No entanto, a diferença entre Desenvolvimento Natural de Igreja e esoterismo é a mesma que a diferença entre astronomia e astrologia! Os não cristãos que descobrem e refletem sobre o princípio da auto-organização dificilmente conseguem escapar do perigo de o associarem a algum conteúdo "pseudorreligioso". Em vez de relacionarem a sua descoberta com o único Deus verdadeiro, o pai de Jesus Cristo, o criador dos céus e da terra, alguns autores a associam a figuras da fantasia do ocultismo. Esse fato não depõe contra a autoria divina desse princípio – mesmo os princípios divinos interpretados de forma errada pelo ser humano permanecem princípios divinos –, mas ressalta tanto mais a necessidade de testá-lo com base na Bíblia.

Introdução

O princípio do "por si mesmo" na Bíblia

A liberação das forças de crescimento dadas por Deus é o segredo estratégico das igrejas que crescem.

Na nossa definição de Desenvolvimento Natural da Igreja (veja o quadro à direita) o termo "forças de crescimento" é colocado no centro. O conceito bíblico que está por trás desse termo é descrito em Marcos 4.26-29: "O Reino de Deus é semelhante a um homem que lança a semente sobre a terra. Noite e dia, estando ele dormindo ou acordado, a semente germina e cresce, embora ele não saiba como. A terra por si própria produz o grão: primeiro o talo, depois a espiga e, então, o grão cheio na espiga. Logo que o grão fica maduro, o homem lhe passa a foice, porque chegou a colheita".

Esta parábola mostra claramente o que o homem pode e deve fazer, e o que não pode. Ele pode e deve semear, ele pode e deve ceifar, ele pode e deve "dormir e levantar". O que ele não pode fazer é produzir o fruto. Diz o texto que de maneira misteriosa a terra o produz "por si mesma". De acordo com a maioria dos comentários sobre esse texto, a expressão "por si mesma" é a chave para a compreensão dessa parábola. Mas que significa essa expressão?

No grego o termo é *automate*, que traduzido literalmente significa "automático". O texto bíblico fala, portanto, explicitamente, de um "processo automático de crescimento". No entanto, querer explicar esse processo automático com as leis da natureza não estaria de acordo com o pensamento judaico da época. No tempo de Jesus *automate* significava simplesmente "sem razão conhecida", e para o judeu que de fato cria em Deus, atrás disso estava sempre a verdade: "algo feito, ocasionado pelo próprio Deus". Se aplicarmos à igreja, isso indica que alguns desenvolvimentos parecem acontecer por si mesmos, ou automaticamente. Como cristãos sabemos, no entanto (mesmo sem poder provar empiricamente), que aquilo que está acontecendo aparentemente por si mesmo, na verdade é uma obra de Deus. O processo "automático" se revela, sob observação mais detalhada, como um processo "teomático".

O segredo de igrejas que crescem

É exatamente isso que queremos dizer quando falamos no Desenvolvimento Natural da Igreja do princípio do "por si mesmo". Não estamos falando somente de um belo quadro. Entendemos este princípio como sendo a verdadeira essência do crescimento da igreja. Igrejas que crescem, quer cientes ou não, fazem uso do processo automático de crescimento. É este o segredo do seu crescimento! Algumas fazem isso com muita reflexão estratégica, outras por instinto. Isso não é o mais importante, o que realmente importa é a aplicação de fato do princípio de crescimento.

Algumas igrejas que o aplicam até o fazem com o tipo de reflexão

Introdução

O que significa Desenvolvimento Natural da Igreja?

Liberação das forças de crescimento com as quais Deus edifica sua igreja.

A definição de Desenvolvimento Natural da Igreja: todas as atividades humanas estão centradas na liberação das forças de crescimento dadas por Deus.

completamente errado. Sua prática é exemplar e dela podemos e devemos aprender. Porém a sua própria teoria não explica o segredo do seu crescimento e, de forma alguma, o conceito poderia ser reproduzido em outras igrejas. Ainda voltaremos a esse problema repetidas vezes neste livro.

Eu mesmo aprendi os princípios do Desenvolvimento Natural da Igreja de três fontes diferentes:

1. Pelas nossas **pesquisas empíricas** em igrejas que crescem e igrejas que não crescem. Isso não significa que podemos adotar sem questionamentos os modelos que essas igrejas usam para explicar a sua situação.
2. Pela **observação da natureza**, ou seja, da criação de Deus. Como já vimos, a Bíblia nos exorta a adotarmos esse procedimento.
3. Pelo **estudo dos textos bíblicos**. Nas Escrituras Sagradas encontramos as forças de crescimento do desenvolvimento de igreja de forma explícita, mesmo que não declarada.

Mas tanto a observação do desenvolvimento da igreja quanto dos fatos da natureza não podem valer como regra final para a nossa reflexão. Sempre que um conceito contradiz a Bíblia, como cristãos temos a obrigação de rejeitá-lo, mesmo que esteja acompanhado de muito sucesso. Nem tudo que encontramos na natureza são "forças de crescimento" para serem utilizados pelo Desenvolvimento Natural da Igreja. Também aqui precisamos, com base na Bíblia, analisar cuidadosamente e discernir entre o que é teologicamente legítimo e ilegítimo.

As maiores diferenças entre o Desenvolvimento Natural da Igreja e outros conceitos tão divulgados de crescimento de igreja podem ser resumidos em três declarações-chave:

A origem do DNI

Então, qual é a diferença?

Introdução

1. O DNI se coloca contra o procedimento pragmático e a-teológico ("o fim justifica os meios"), e os substitui pelo procedimento **orientado segundo princípios**.
2. O DNI não visa a quantidade ("Como vamos levar mais pessoas para o nosso culto?"), mas considera a **qualidade** da vida da igreja como chave estratégica para o seu desenvolvimento.
3. O DNI não tem a intenção de "fazer" a igreja crescer, mas sim liberar **as forças de crescimento** com que Deus mesmo constrói a sua igreja.

Desenvolvimento Natural da Igreja significa despedir-se do pragmatismo superficial, da lógica de causa e efeito simplista, da obsessão pela quantidade, dos métodos manipulativos de marketing e da mentalidade questionável de sempre querer produzir as coisas. Em outras palavras, deixar para trás programas de sucesso imaginados por homens e abraçar os princípios de crescimento que Deus colocou em sua criação.

Três termos-chave

Para esclarecer melhor a diferença entre o Desenvolvimento Natural da Igreja e as abordagens predominantes na igreja de hoje, vamos usar em todo esse livro três conceitos: o paradigma tecnocrático, o paradigma da espiritualização, e o paradigma do DNI. Esses conceitos não são nada mais que formas abreviadas representando cosmovisões que serão melhor esclarecidas no capítulo quatro (págs. 83-102). Quando entendermos as pressuposições que estão na base de cada um dos três paradigmas, também ficará evidente porque os princípios do Desenvolvimento Natural da Igreja não poderão contar de forma alguma com o apoio unânime dos cristãos.

Paradigma tecnocrático	Paradigma da espiritualização	Paradigma do DNI
O significado de instituições, programas, métodos, etc é superestimado.	O significado de instituições, programas, métodos, etc é subestimado.	É uma tentativa de equilibrar os polos orgânicos e organizacionais.

Capítulo 1

Oito marcas de qualidade

Será que existem marcas qualitativas que estão mais fortemente desenvolvidas nas igrejas que crescem do que nas que não crescem? Será possível que o segredo do crescimento dessas igrejas está no desenvolvimento dessas marcas de qualidade mais do que no esforço de querer "encher mais os nossos cultos"? Este tem sido o foco das nossas pesquisas. Os resultados das pesquisas colocam um ponto de interrogação em muitos aspectos que, até agora, eram considerados automaticamente como "princípios de crescimento de igreja".

Capítulo 1: Oito marcas de qualidade
Crescimento da igreja — a queda de um mito

Aprender de igrejas que crescem não significa adotar os modelos com que os líderes dessas igrejas tentam nos explicar o seu sucesso.

Basta olhar a literatura sobre o tema crescimento de igreja e ficamos estupefatos: são oferecidos muitos programas e eventos, em cuja maioria há a promessa "façam como nós e vocês terão o mesmo sucesso". O aspecto desagradável em tudo isso é que a maioria dos conceitos apregoados se contradiz: algumas igrejas defendem a construção de megaigrejas como o meio mais eficaz de saturar a sociedade com o evangelho; outras reduzem o tamanho ideal da igreja a pequenos grupos. Há igrejas que creem que o culto totalmente direcionado para incrédulos seja o segredo do sucesso; outras garantem que o culto deva ser o lugar da adoração e de edificação para os cristãos. Algumas igrejas exaltam novas estratégias de marketing como o método irrefutável de crescimento de igreja; outras realizam com sucesso a edificação de igreja sem jamais terem ouvido falar de marketing.

Creio que um dos grandes problemas nessa discussão toda seja o fato de não se ter observado com precisão suficiente a diferença entre "modelos" (= conceitos com que alguma igreja em algum lugar tenha tido bons resultados) e "princípios" (= aquilo que vale para todas as igrejas em qualquer parte). Por isso vários "modelos" têm reivindicado validade universal, enquanto muitos princípios, que podem ser demonstrados como válidos universalmente, são erroneamente colocados como "um entre muitos modelos".

Princípios ou modelos?

No quadro à direita procurei mostrar no que consiste a diferença entre esses dois paradigmas. Ao seguirmos um *modelo*, estamos tentando transportar o programa de uma igreja de sucesso (geralmente uma megaigreja) para a nossa situação. Esse procedimento é fascinante porque quase conseguimos "pegar com as mãos" aquilo que está faltando na nossa igreja.

Quando somos orientados por um *princípio* isso é diferente. Aqui também estamos partindo do ponto de que é possível aprender muito de modelos que deram certo na prática. Entretanto, em vez de nos limitarmos a um modelo, examinamos centenas de igrejas-modelos diferentes, grandes e pequenas, para descobrir quais dos elementos das igrejas pesquisadas têm validade universal (ou seja, são válidos para todas as igrejas) e também para descobrir quais elementos são talvez interessantes, mas, de forma alguma, princípios válidos para o efetivo crescimento de todas as igrejas. Os princípios a que se chega por meio dessa dedução são, então, em um segundo passo, aplicados à situação concreta de outra igreja. Esse passo duplo de dedução e aplicação para cada caso do princípio faz com que

Capítulo 1: Oito marcas de qualidade

Modelos e princípios

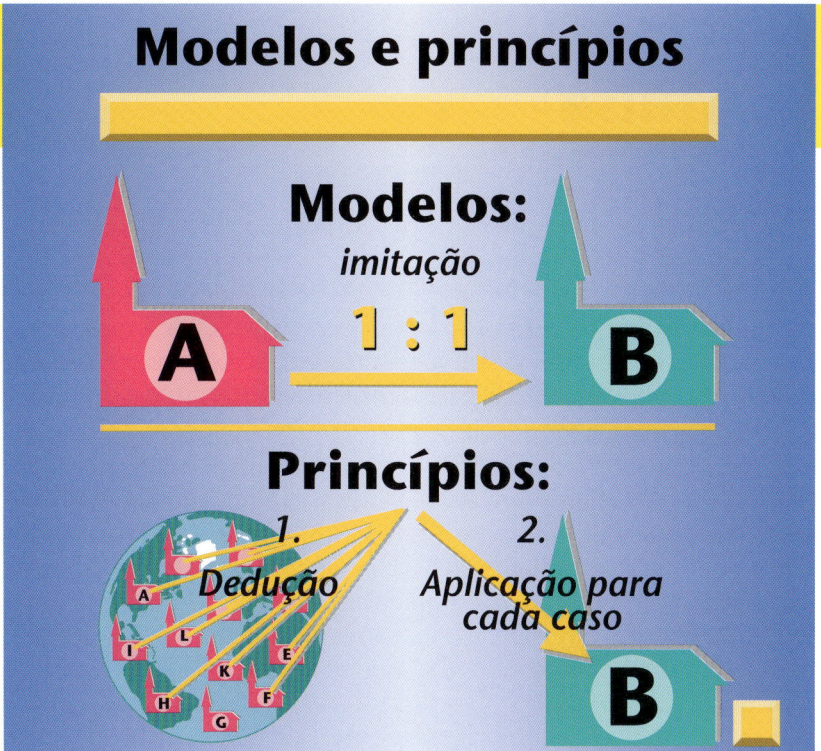

Enquanto "imitação" é melhor descrita como o processo de simplesmente copiar o ministério de uma única igreja modelo, a abordagem baseada em princípios compreende duas etapas: "dedução" e "aplicação para cada caso".

o procedimento baseado em princípios seja, em comparação com a imitação de uma igreja bem sucedida (padrão 1:1), uma forma menos atraente aos olhos de muitos cristãos.

O Desenvolvimento Natural da Igreja baseia-se em princípios. É evidente que não é totalmente errado se inspirar em uma igreja-modelo. Se, no entanto, formos além do contágio do entusiasmo e fizermos a transferência de elementos que devem ser reproduzidos na nova situação, é imprescindível verificar os princípios universais que estão na base de toda forma de edificação de igreja.

Aprender de igrejas que crescem significa observar de perto a sua prática do ponto de vista de princípios universais. Não significa, no entanto, aceitar e adotar incondicionalmente os modelos explicativos que os líderes dessas igrejas querem nos transmitir como o "segredo do sucesso". Aprendi todos os princípios que estão descritos neste livro de igrejas que estão crescendo, inclusive, por incrível que pareça, daquelas que rejeitam a "nossa" estratégia de Desenvolvimento Natural da Igreja. Mesmo que essas igrejas analisem de forma diferente o seu "sucesso", que usem termos totalmente diferentes e nunca tenham ouvido falar dos princípios do Desenvolvimento Natural da Igreja, ou talvez até classifiquem essa estratégia de "heresia", mesmo assim é possível provar que elas estão trabalhando exatamente de acordo com esses princípios, seja consciente ou inconscientemente.

Que significa "aprender de igrejas que crescem"?

Capítulo 1: Oito marcas de qualidade
O projeto internacional de pesquisa

Esse estudo tornou-se o mais abrangente projeto de pesquisa que já foi realizado sobre as causas do crescimento de igreja.

Como é possível descobrir princípios universais de desenvolvimento de igreja? É evidente que não podemos responder a essa pergunta com base em sentimentos e, de forma alguma, com base na análise de alguns poucos modelos de igreja. Só há um caminho para achar resposta confiável a essa pergunta: observar e analisar igrejas por meio de padrões científicos em todo mundo.

Com essa convicção determinamos os limites iniciais do nosso projeto de pesquisa. Para montar uma base de dados suficientemente grande e assim chegarmos a conclusões cientificamente significativas, era necessário um mínimo de 1.000 igrejas espalhadas pelos cinco continentes: igrejas grandes e pequenas, igrejas que crescem e que estão em declínio, perseguidas pelo Estado ou subvencionadas pelo Estado, carismáticas ou não carismáticas, igrejas-modelo bem conhecidas ou igrejas totalmente desconhecidas. Precisávamos de igrejas de regiões que passam momentaneamente por avivamentos espirituais, como Brasil e Coreia do Sul, e ainda de igrejas em regiões que podem ser consideradas pelos padrões mundiais de "países em desenvolvimento espiritual", como a Alemanha.

Esse estudo tornou-se o mais abrangente projeto de pesquisa que já foi realizado sobre as causas do crescimento de igreja. Inicialmente igrejas de 32 países participaram do projeto. O questionário que 30 pessoas por igreja responderam foi traduzido para 18 idiomas. Desde então acumulamos dados de 50.000 igrejas, representando 70 países. Mais de 170 milhões de respostas individuais foram avaliadas. Enquanto os gráficos encontrados neste livro representam os resultados da primeira pesquisa de 1000 igrejas, todos os resultados têm sido repetidamente confirmados pelo aumento da base de dados.

Por que todo esse esforço?

A razão de todo esse esforço era a convicção de que, sem uma pesquisa dessas, nunca teríamos a oportunidade de descobrir quais dos conceitos denominados de "princípios de sucesso" são de fato princípios verdadeiros (portanto universais) e quais são apenas mitos. Muito do que é frequentemente encarado naturalmente como "princípio de crescimento", à luz das nossas pesquisas não é mais do que uma "ideia de estimação" de algum pastor. É claro que essas ideias que vêm da experiência pessoal de um autor não são más em si, também queremos aprender delas, mas devemos tomar cuidado para não as identificarmos com princípios de crescimento de igreja.

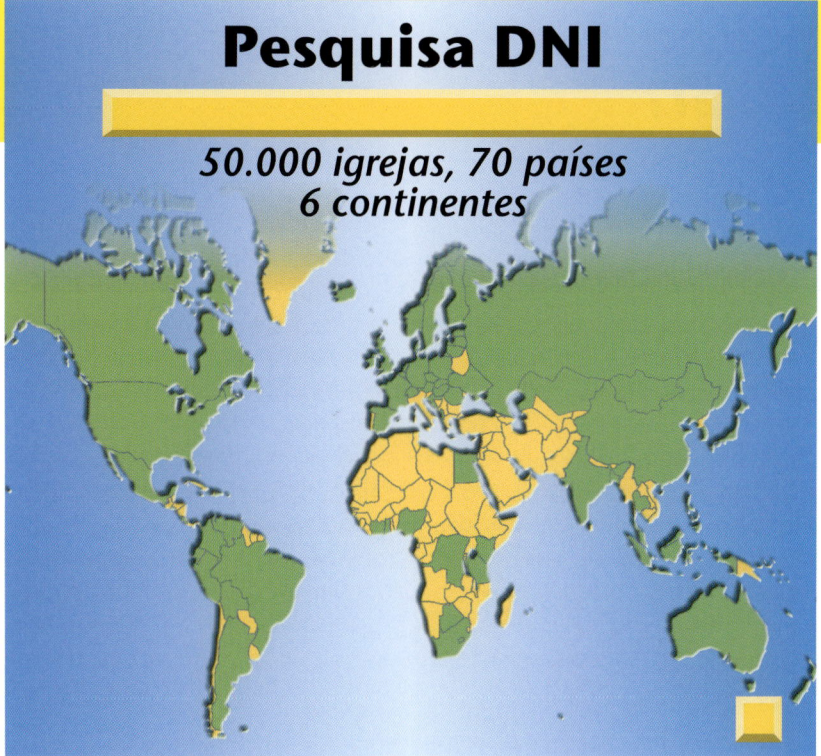

Pesquisa DNI

**50.000 igrejas, 70 países
6 continentes**

*Capítulo 1:
Oito marcas de qualidade*

O projeto original de pesquisa foi realizado entre 1000 igrejas. Desde então, nosso banco de dados tem crescido para mais de 50.000 igrejas em 70 países. Parcerias do DNI existem ou estão em processo em todos os países da cor verde no mapa.

Um dos critérios mais importantes da nossa pesquisa foi o alto padrão científico do projeto. O mestre em estruturas organizacionais e psicólogo Christoph Schalk assumiu tanto a coordenação quanto o acompanhamento científico do projeto. Fez isso depois de desenvolver, em conjunto com a "Universidade de Würzburg", uma análise sobre a cientificidade da experiência que estava sendo usada como teste por três anos. Já nessa fase, o Dr. Schalk havia apontado algumas deficiências do projeto. Ele elaborou um novo questionário com altos padrões de objetividade, confiabilidade e validade, e implantou parâmetros científicos e sociais de avaliação.

O critério da cientificidade

Esse projeto é o quinto passo de uma série de pesquisas, iniciadas em 1986 nos países europeus de língua alemã. Ainda que no início o método deixasse a desejar, foram feitas algumas descobertas que puderam servir de base para o estudo que seguiria.

Ao meu ver, nossa pesquisa oferece a primeira resposta cientificamente comprovada à pergunta: Quais são os princípios de crescimento de igreja válidos, independentemente de cultura, direção teológica ou denominacional? O nosso esforço concentrou-se em achar uma resposta comprovativa à pergunta: O que cada igreja e cada cristão deveriam fazer para obedecer à Grande Comissão nos dias de hoje?"

As vantagens da pesquisa

Capítulo 1: Oito marcas de qualidade
"Crescimento" é o critério ideal?

Nem toda igreja que cresce é uma igreja "sadia".

É um axioma do movimento de crescimento de igreja – mesmo que não declarado – que "igrejas que crescem" são também "igrejas sadias". Nos livros encontramos todo tipo de declarações sobre esse assunto, mas tudo isso se baseia em suposições e opiniões. Isso é assim porque enquanto o crescimento *quantitativo* de uma igreja (tanto o tamanho numérico quanto o seu padrão de crescimento) pode ser medido com certa exatidão, ainda não existe um procedimento de avaliação objetivo e de eficiência comprovada do crescimento *qualitativo* da igreja. Nossos esforços ente 1986 e 1996 concentraram-se no desenvolvimento de um teste de avaliação da qualidade da igreja. Agora que encerramos a nossa pesquisa internacional, chegamos a um procedimento pelo qual o índice de qualidade (IQ) de cada igreja pesquisada pode ser descoberto. Isso é baseado nas oito marcas de qualidade descritas adiante (veja págs. 38-39).

Quatro categorias de igrejas

Observando o diagrama da página 23, concluímos que, com base na relação entre qualidade e quantidade, existem quatro categorias de igrejas:

a. *Quadrante direito superior*: igrejas com qualidade acima da média (IQ acima de 56, o valor médio de todas as igrejas que crescem mais do que a média das igrejas) e, ao mesmo tempo, crescimento na frequência dos cultos acima da média (10% ou mais por ano em um período de cinco anos).

b. *Quadrante esquerdo superior*: igrejas com qualidade acima da média, mas com diminuição na frequência dos cultos.

c. *Quadrante esquerdo inferior*: igrejas com qualidade abaixo da média (IQ abaixo de 45, o valor médio de todas as igrejas com diminuição do número de pessoas).

d. *Quadrante direito inferior*: igrejas com qualidade abaixo da média, mas com crescimento na frequência dos cultos acima da média.

Qualidade e quantidade

Capítulo 1: Oito marcas de qualidade

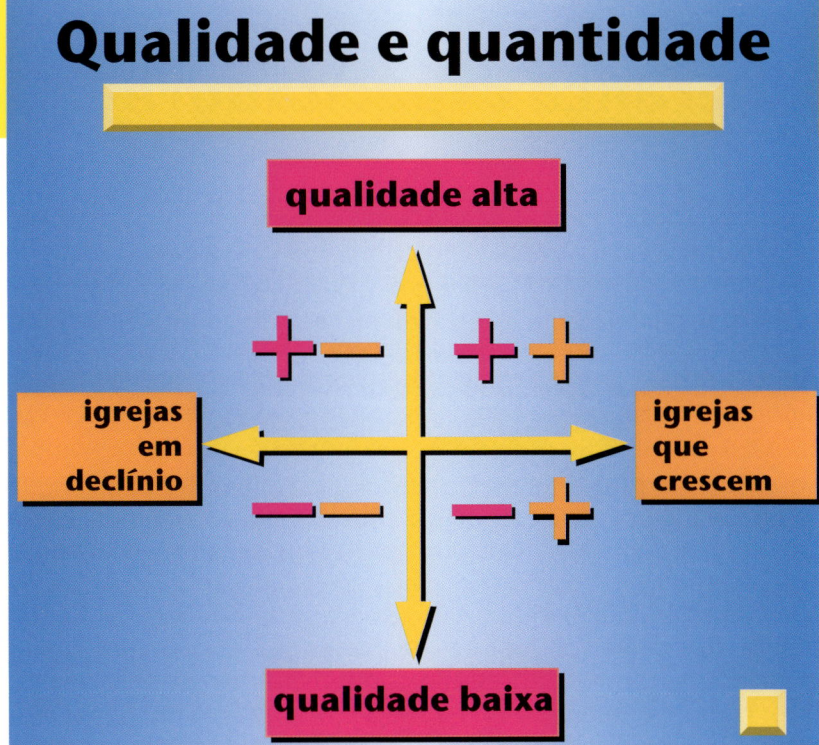

Com base na relação entre qualidade e quantidade é possível identificar quatro grupos diferentes de igrejas. A pesquisa permite, pela primeira vez, tirar conclusões significativas em relação a cada uma destas quatro categorias de igrejas.

Com os resultados obtidos em nossa pesquisa podemos nos livrar de todo tipo de especulação sobre esses quatro tipos de igrejas. Agora podemos observá-los como são na realidade. Nas páginas seguintes, utilizaremos o diagrama "matriz dos quatro" (ver gráfico na pág. 22), para ilustrar a realidade do dia a dia da vida da igreja nessas quatro categorias. As explicações fornecidas lhe ajudarão a entender que tipo de igreja cada barra representa no gráfico ao longo deste livro.

A matriz dos 4 como diagrama

No decorrer deste livro, sempre que você encontrar o diagrama "matriz dos quatro", não o entenda como se tivéssemos feito a pesquisa somente com representantes das quatro categorias de igrejas citadas para, assim, provarmos a validade dos princípios propostos. Com o objetivo de determinarmos quais perguntas seriam os melhores indicadores de qualidade e potencial de crescimento de uma igreja, nós avaliamos todas as igrejas que participaram do projeto, não somente aquelas que se encaixassem nas categorias do diagrama.

Como o diagrama funciona

Entretanto, acredito que as respostas dadas por igrejas nessas quatro categorias específicas, ilustram bem e de forma prática o significado dos princípios que estão por trás das perguntas.

*Capítulo 1:
Oito marcas de qualidade*

Marca nº 1: Liderança capacitadora

Os resultados da pesquisa questionam o fato de que a maior parte da literatura do crescimento da igreja ilustra os princípios de liderança com base em megaigrejas.

Quando lemos o que a literatura do crescimento da igreja diz sobre o tema "liderança", o tom predominante é o seguinte: o estilo de liderança de pastores de igrejas que crescem é mais orientado para projetos do que para pessoas, mais preocupado com objetivos do que com relacionamentos, mais baseado em autoritarismo do que em trabalho de grupo. Em sua busca por modelos imitáveis, alguns autores se basearam mais em igrejas grandes do que em igrejas *que crescem*. Certamente as duas não são a mesma coisa.(pág. 46-48).

Em nossa pesquisa, chegamos a resultados diferentes daquilo que se poderia supor da literatura do crescimento da igreja (inclusive daquilo que eu mesmo escrevi no passado). Embora ser orientado por objetivos no trabalho seja uma qualidade imprescindível de todo líder, é interessante notar que esse não é o aspecto fundamental que diferencia pastores de igrejas que crescem das igrejas que não crescem. Nosso estudo comprovou que embora os pastores de igrejas que crescem não sejam mestres em relacionamentos, e chegam até a se perder em detalhes nos relacionamentos com as pessoas, o fato é que, na média, o seu estilo de liderança é pelo menos um pouco mais orientado para relacionamentos, um pouco mais preocupado com pessoas, um pouco mais direcionado para o trabalho em parceria do que o estilo de seus colegas de igrejas que estão em decréscimo (veja quadro abaixo).

A real diferença

A chave para a distinção talvez seja melhor expressada pela palavra "capacitação". Os líderes de igrejas que crescem concentram seus esforços em capacitar outras pessoas para o ministério. Eles não usam os seus colaboradores como "ajudantes" para alcançar os seus próprios objetivos e implantar sua visão. Pelo contrário, a pirâmide de autoridade é invertida e os líderes ajudam cada cristão a chegar à medida de plenitude intencionada por Deus para cada um. Eles capacitam, apoiam, motivam, acompanham a todos individualmente para que se tornem aquilo que Deus tem em mente. Se observarmos esse processo mais detalhadamente, entenderemos porque estes líderes precisam ser orientados tanto em relação a objetivos quanto para relacionamentos. A "bipolaridade", da qual falaremos como parte de um paradigma teológico na parte 4 deste livro, precisa incorporar-se na personalidade do líder.

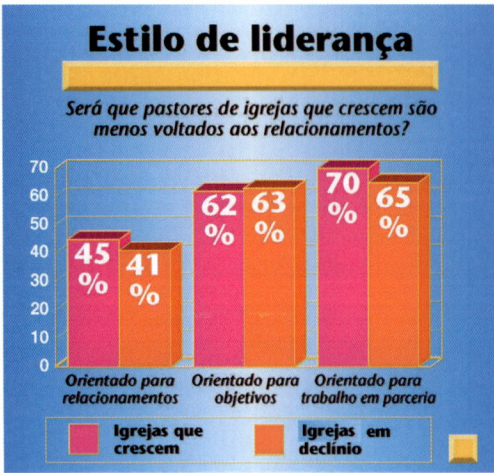

Capítulo 1: Oito marcas de qualidade

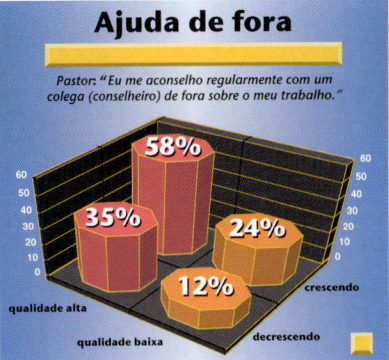

Dois dos resultados mais interessantes a respeito de liderança: a formação teológica formal tem uma correlação negativa tanto para o crescimento quanto para a qualidade da igreja (à esquerda).

Entre as quinze variáveis relacionadas à liderança, o fator de maior correlação com a qualidade global e o crescimento da igreja, é a disponibilidade para aceitar a ajuda de fora (à direita).

Aqui nos deparamos com o que denominamos de o "princípio do por si mesmo" na introdução. Líderes que veem sua capacitação como instrumento para capacitar outros cristãos e levá-los à maioridade espiritual, descobrem como esse aspecto leva "por si mesmo" ao crescimento. Em vez de fazer a maior parte do trabalho eles mesmos, esses líderes investem grande parte do seu tempo em discipulado, delegação e multiplicação. Assim, a energia investida por eles pode multiplicar-se quase infinitamente. É assim que acontece a "auto-organização". É dessa forma que o poder de Deus é liberado, em vez de se tentar pôr em movimento a igreja por meio de forças humanas e pressão da igreja.

"Auto-organização espiritual" na prática

Os resultados da pesquisa questionam o fato de que a maior parte da literatura do crescimento de igreja ilustra os princípios de liderança com base em megaigrejas. Nesses casos trata-se, muitas vezes, de gênios da liderança que possuem uma variedade tão abrangente e especial de dons, que o modelo não serve para ser reproduzido em outro lugar. A boa notícia é a seguinte: pastores não precisam ser superstars para que as suas igrejas cresçam. A maioria dos pastores, que nas nossas pesquisas conseguiram os melhores resultados, são pouco conhecidos além de suas igrejas. Estes, geralmente, nos fornecem princípios básicos de liderança mais valiosos do que de muitos superlíderes espirituais.

É evidente que o modelo de liderança descrito neste livro não provém do paradigma tecnocrático nem do modelo da espiritualização. Tecnocratas, via de regra, têm necessidade de um "guru" (que pode se apresentar na forma do "sacerdote" clássico ou também como o "gerente de crescimento da igreja"); os do modelo da espiritualização geralmente têm dificuldade de se submeter a alguma liderança.

De onde vem a oposição?

Capítulo 1: Oito marcas de qualidade

Marca nº 2: Ministérios orientados pelos dons

> *À medida que cristãos vivem de acordo com os seus dons espirituais, eles não agem pelas próprias forças, mas o Espírito de Deus age neles.*

Com base na marca de qualidade "ministérios orientados pelos dons" é possível entender claramente o que significa aquilo que denominamos de "processos de crescimento por si mesmo" dados por Deus. A estratégia de trabalho de acordo com os dons se baseia na seguinte convicção: Deus, soberanamente, determinou quais cristãos irão efetuar melhor determinados ministérios. À medida que cristãos vivem de acordo com os seus dons espirituais, eles não agem pelas próprias forças, mas o Espírito de Deus age neles. Assim, pessoas bem comuns podem efetuar tarefas bem especiais.

Outro resultado muito interessante da nossa pesquisa é que essa questão - se vivemos de acordo com os nossos dons espirituais - é uma das que estão em melhor correspondência com o aspecto subjetivo da alegria de viver. O computador estabeleceu uma correspondência significativa entre "orientação da vida de acordo com dons" ("As tarefas que executo na igreja correspondem aos meus dons") e a "alegria de viver" ("Eu me considero uma pessoa feliz e satisfeita").

Nenhuma outra das oito marcas de qualidade tem influência tão grande sobre a vida pessoal e a vida na igreja do membro do que o ministério orientado pelos dons. Por isso não me admiro que os recursos de discipulado, material que desenvolvemos para essa marca de qualidade em *As 3 Cores dos seus Dons*, tenha encontrado a melhor aceitação de todos os livros sobre edificação de igreja que já preparamos. Com isso o desenvolvimento da igreja deixa de ser o tema de uns poucos voluntários e estrategistas eclesiásticos e passa a ser o aspecto fundamental na vida de cada membro.

Os dons espirituais e o "sacerdócio universal dos crentes"

Infelizmente, nos últimos anos, a visão de trabalho orientado pelos dons foi mal interpretada como mais um modismo entre os métodos de crescimento da igreja. Entretanto, a descoberta e o uso dos dons espirituais é a única forma de colocarmos em prática novamente o conceito dos reformadores do "sacerdócio universal dos crentes". Como um programa desses poderia ser transformado em realidade se muitos cristãos não conseguem reconhecer em que área Deus os capacitou e, consequentemente, também os chamou? De acordo com uma pesquisa que fizemos com 1600 cristãos ativos em suas igrejas, na Alemanha, descobrimos que 80% deles não sabem quais são os seus dons espirituais. Parece-me que este é um dos principais motivos porque o "sacerdócio universal dos crentes", em sua maior parte, nunca foi alcançado nos países da Reforma.

Capítulo 1: Oito marcas de qualidade

Barreira tecnocrática e barreira da espiritualização

As barreiras contra os ministérios orientados pelos dons estão relacionadas a falsos paradigmas teológicos, que persistentemente sufocam e reprimem aspectos do cristianismo. Quem trabalha de acordo com o modelo tecnocrático tem a tendência de ordenar quais os ministérios que cada cristão deveria assumir para depois sair à procura dos "voluntários" para a realização das tarefas. Se não se acham os voluntários, usa-se de pressão para consegui-los. As tarefas a serem realizadas estão fixadas e as pessoas devem adaptar-se a elas.

Por outro lado, aqueles que tendem para a espiritualização, frequentemente resistem a enquadrar os seus dons em tarefas bem específicas da igreja por terem problemas em se adequar a estruturas. Isso não seria algo realmente "espiritual". Acrescente-se a isso o aspecto de que muitos identificam os dons espirituais exclusivamente com coisas sobrenaturais, espetaculares, acima do normal de cada dia, e isso, certamente, cria resistências a que os dons sejam incluídos no processo de planejamento de crescimento da igreja.

Abaixo estão duas das dez questões que auxiliaram no cálculo do índice de qualidade dos ministério orientados pelos dons. Na pergunta sobre a "utilização de dons" (à esquerda) se destaca, de forma marcante, a diferença entre as igrejas acima e abaixo da média. De todas as variáveis associadas com esta característica de qualidade, a pergunta sobre "treinamento de obreiros" (à direita) tem a maior correlação com o crescimento da igreja.

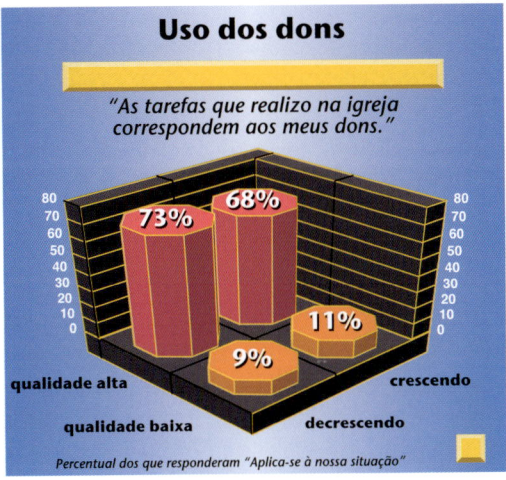
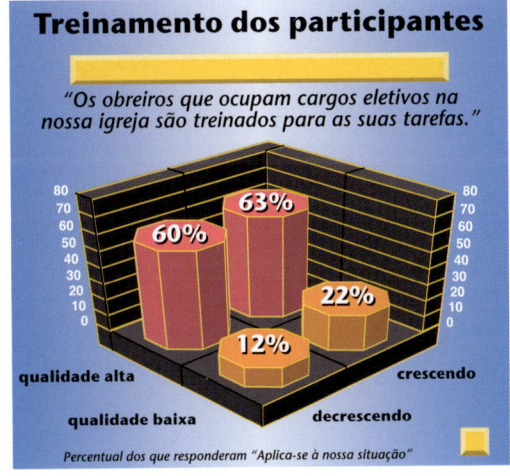

*Capítulo 1:
Oito marcas de
qualidade*

Marca nº 3:
Espiritualidade contagiante

Em igrejas nas quais se percebem "tendências legalistas" a paixão espiritual está abaixo da média.

Nossa pesquisa comprovou com grande evidência que a espiritualidade dos cristãos não depende do estilo piedoso (carismático ou não) nem de certas práticas espirituais (como por exemplo, "guerra espiritual" ou orações litúrgicas), que são tidos como motivos de crescimento por vários grupos. O aspecto que de fato diferencia igrejas que crescem de igrejas que não crescem, igrejas cuja qualidade está acima da média de igrejas cuja qualidade está abaixo da média, é outro. O fator determinante é se os crentes de uma determinada igreja vivem a sua fé com dedicação, paixão e entusiasmo. Já que nesse ponto, passando por todos os tipos de igrejas, foi possível detectar diferenças significativas entre igrejas que crescem e igrejas que não crescem, denominamos essa marca de qualidade de "espiritualidade contagiante".

O conceito da paixão espiritual e as concepções tão difundidas da fé como "cumprir as obrigações" parecem se excluir mutuamente. Em geral podemos observar que nas igrejas em que as "tendências legalistas" estão presentes em maior ou menor grau, (em que ser cristão significa concordar com uma doutrina, moral ou pertencer a uma igreja) a paixão espiritual está abaixo da média.

Qualidade em vez de quantidade

Para explicar melhor o que significa essa marca de qualidade devemos observar o que acontece na vida de oração dos cristãos. Enquanto o tempo (quantidade) que o cristão gasta diariamente para a oração só tem uma pequena relação com a qualidade e com o crescimento da igreja, o critério da "experiência inspiradora" na oração está em correspondência muito forte com qualidade e quantidade na igreja (veja quadro à esquerda). Há aspectos semelhantes também em relação ao uso pessoal da Bíblia e a outros fatores determinantes para a espiritualidade pessoal.

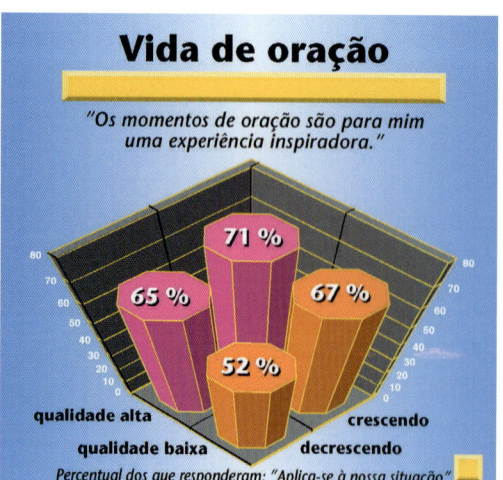

No passado essa marca de qualidade foi criticada de todos os lados. A acusação era de que "paixão somente não é prova de que alguém seja leal com a verdade". Também as seitas, assim me diziam, eram caracterizadas por forte paixão. Essa observação está perfeitamente correta. Ainda não pesquisei

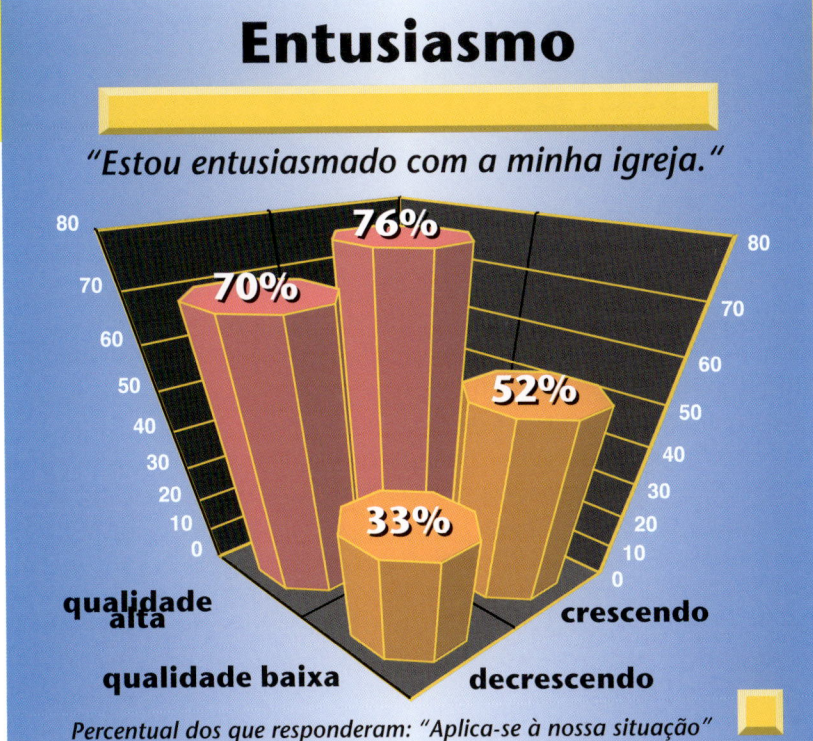

**Capítulo 1:
Oito marcas de qualidade**

Uma das treze variáveis utilizadas para medir o índice de qualidade para "espiritualidade contagiante": o entusiasmo pela fé medido em igrejas com um alto índice de qualidade quase sempre está relacionado com o entusiasmo pessoal pela igreja local.

nenhuma seita em busca das razões do seu crescimento. Porém, o entusiasmo presente em muitas delas parece ser um dos fatores principais para o crescimento tão expressivo em alguns casos. É claro que essa afirmação não valida a teologia das seitas. O seu ensino continua teologicamente errado, mesmo que seja defendido com muito entusiasmo e tenha, inclusive, sucesso – no sentido do crescimento numérico.

Por outro lado, também vale o aspecto de que ter a doutrina correta por si só não garante o crescimento da igreja, como inúmeros exemplos demonstraram. Por mais ortodoxa que seja a doutrina de uma igreja, e por melhor que seja o seu conhecimento bíblico, ela dificilmente pode esperar crescimento se não aprender a viver e a transmitir a outros a sua fé com entusiasmo contagiante. Sempre que a "defesa pela doutrina correta" tomar o lugar de esforços concretos para viver a fé pessoal em Jesus de forma apaixonada, estamos nos baseando em um paradigma falso. Em um solo assim crescerá, no máximo, um fanatismo deformado; a paixão libertadora dificilmente sobreviverá. Por isso, a marca de qualidade "espiritualidade contagiante" (à qual se chega empiricamente) expressa de forma tão bela quando diz o que também interessa à teologia: a vida de fé como um relacionamento genuíno com Jesus Cristo.

Ortodoxia e paixão

Capítulo 1:
Oito marcas de qualidade

Marca nº 4:
Estruturas eficazes

Se Deus sopra o seu Espírito no barro informe, aí nasce forma, nasce vida.

É interessante observar que o fator "estruturas eficazes" demonstrou ser o ponto mais controvertido entre as oito marcas de qualidade. Isso, provavelmente, vem do fato de que, nesse aspecto, os paradigmas errados, que marcam a maioria dos cristãos consciente ou inconscientemente, têm consequências especialmente negativas.

Enquanto para os da espiritualização a questão da estrutura levanta suspeitas de não ser verdadeiramente espiritual, os defensores do modelo tecnocrático erroneamente atribuem algumas estruturas à essência da igreja de Jesus. Os tradicionalistas que estão entre eles não se sentem ameaçados pelo substantivo "estruturas", mas pelo adjetivo "eficazes". Para estes "eficácia" é um critério não teológico, pragmático, não espiritual. Nossa pesquisa confirmou, pela primeira vez, uma relação extremamente negativa entre o tradicionalismo e o crescimento e a qualidade de uma igreja (veja o quadro à direita).

A real diferença

A avaliação empírica de mais de 1.000 igrejas em todos os continentes foi especialmente interessante em relação a esta marca de qualidade. Mesmo que as igrejas sejam tão distintas umas das outras nas diferentes denominações, culturas e origens há alguns elementos básicos bem definidos que caracterizam as igrejas com alto índice de qualidade em todo o mundo. Um dos 15 fundamentos nos quais se baseia a marca de qualidade "estruturas eficazes" é o "princípio da liderança por departamento" (veja quadro à esquerda). Escolhi este fundamento como ilustração porque ele me parece o mais apropriado para elucidar a essência dessa marca de qualidade. Trata-se, aqui, da elaboração de estruturas que possibilitam uma multiplicação constante do trabalho. Líderes não existem somente para liderar, mas para formar novos líderes.

Qualquer um que tenha baseado seu trabalho nessa estratégia está sempre testando as estruturas da sua igreja para ver o que pode ser feito para que elas sirvam sempre melhor ao organismo da igreja na sua auto-organização. Tudo que não alcança esse objetivo (por exemplo, liderança inibidora de novos líderes, horários e duração do culto inadequados, conceitos desmotivadores

Tradicionalismo

"Considero a nossa igreja uma igreja tradicionalista."

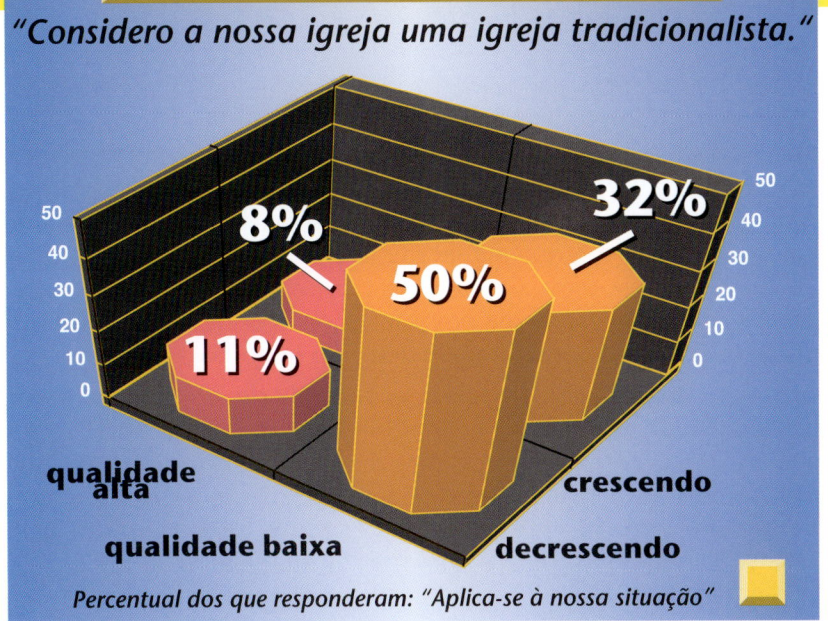

Percentual dos que responderam: "Aplica-se à nossa situação"

Capítulo 1:
Oito marcas de qualidade

O tradicionalismo é um polo oposto à marca de qualidade "estruturas eficazes". Apesar de apenas uma em dez igrejas com qualidade acima da média ter dificuldades com o tradicionalismo, a metade das igrejas em declínio são atingidas por esse problema.

de administração das finanças) é mudado ou eliminado. Por meio desse processo constante de autorrenovação o surgimento de estruturas enrijecidas é evitado em grande parte.

Uma das maiores barreiras para se compreender a importância das estruturas para o desenvolvimento de uma igreja é considerar os conceitos "estruturas" e "vida" como opostos. É interessante notar esta descoberta da pesquisa biológica, que o que distingue a "matéria morta" de um "organismo vivo" não é, como o leigo poderia pensar, uma substância diferente e especial, mas sim, uma estrutura especial que une e relaciona as pequenas partes. Em outras palavras, na natureza criada por Deus, a matéria viva e a sem vida, o orgânico e o inorgânico, consistem exatamente das mesmas substâncias; o que os distingue é apenas a sua estrutura.

Esse elo tão íntimo que existe entre estruturas e vida se expressa na criação. O ato da criação é um ato de formação, ou seja, de tornar-se forma. O oposto à forma é a terra sem forma, é a massa amorfa, o amontoado de terra. Quando Deus sopra o seu Espírito no barro informe, surge a forma, surge a vida. Um ato criativo semelhante ocorre hoje, sempre que Deus derrama o seu Espírito nas igrejas; assim, ele lhe concede estrutura e forma.

Estruturas e vida

*Capítulo 1:
Oito marcas de qualidade*

Marca nº 5:
Culto inspirador

Provavelmente não existe outra área na vida da igreja em que a importante diferença entre "modelos" e "princípios" seja tão frequentemente ignorada.

Qual é o elemento que diferencia os cultos de igrejas que crescem dos cultos das igrejas que não crescem, igrejas que estão acima das que estão abaixo da média de qualidade? Em outras palavras, que aspectos cada igreja deveria realmente levar a sério quando o assunto é planejamento do culto? Provavelmente não existe outra área na vida da igreja em que a importante diferença entre "modelos" e "princípios" (veja págs. 16-17) seja tão frequentemente ignorada. Muitos cristãos pensam que precisam adotar certos modelos de cultos de outras igrejas porque veem neles um princípio de crescimento.

A nossa pesquisa colocou-nos na posição de podermos lançar um pouco de luz empírica na neblina da discussão atual sobre o culto. Um exemplo basta para ilustrar esse aspecto. Há cristãos que estão convictos de que o culto voltado essencialmente para o visitante não cristão, como é muito bem realizado pela Willow Creek Community Church e outras, seja um princípio de crescimento de igreja. Tenho conversado com muitos pastores que estão empenhados em transformar o seu culto em um culto para o visitante, sem questionar seriamente se essa forma de evangelização – uma entre muitas boas possibilidades – é a mais apropriada para o seu caso. Eles simplesmente imaginam que o culto para o visitante é um princípio válido universalmente. Mas, também, está provado que isso não é fato.

Culto para o visitante à luz da pesquisa

Em nossa pesquisa selecionamos todas aquelas igrejas que declararam que "muito fortemente" seus cultos eram voltados para os não cristãos. O resultado foi que essa afirmação não corresponde a praticamente nenhuma categoria de igreja, nem a igrejas que crescem e nem a igrejas que estão diminuindo, nem a igrejas acima da média, nem a igrejas abaixo da média de qualidade (veja quadro à esquerda, pág. 31). Isso não quer dizer que os cultos para os visitantes não sejam uma ótima forma de evangelização e até mereçam ser imitados. O que isso quer dizer simplesmente é que por trás de um culto evangelístico não existe um princípio de crescimento de igreja. Podemos direcionar os nossos cultos totalmente para cristãos, ou totalmente para não cristãos; podemos realizá-los na linguagem "cristã" ou "secular", podemos celebrá-los em sequência litúrgica ou de forma livre, tudo isso não é essencial para a edificação da igreja. Mas um critério bem diferente provou ser um fator decisivo, qual seja, "Será que a participação do culto é uma 'experiência inspiradora' para o visitante? (Veja

Capítulo 1: Oito marcas de qualidade

Enquanto a pergunta sobre se o culto direcionado principalmente aos não cristãos (à esquerda) não tem relação aparente com o crescimento da igreja, certamente há uma forte correlação entre o culto com uma "experiência inspiradora" e a qualidade e a quantidade de uma igreja (à direita).

o quadro à direita). As respostas às onze perguntas que fizemos às igrejas sobre o tema "Culto" apontaram todas para a mesma direção. É esse critério que comprovadamente separa as igrejas que crescem das que se encontram estagnadas ou em declínio.

A palavra "inspiradora" necessita de elucidação. Deve ser entendida no sentido literal de inspiratio e significa a inspiração que vem do Espírito de Deus. É óbvio que o Espírito Santo quando age (e sua presença não é meramente presumida), produz consequências evidentes sobre a organização do culto e sobre a atmosfera perceptível aos presentes. A conclusão unânime dos presentes em cultos verdadeiramente "inspirados" é de que "ir para a igreja é divertido".

E um culto pode ser "agradável"?

Com essa pergunta já sabemos de onde virá a oposição a esta marca de qualidade; virá de cristãos que entendem que o culto é, em primeiro lugar, o cumprimento de um dever cristão. De acordo com esse modelo, as pessoas não vão ao culto porque esperam ter uma experiência agradável e inspiradora, mas para fazer um favor ao pastor ou a Deus. Alguns até mesmo acreditam que Deus irá abençoar de forma especial a "fidelidade" em suportar o culto como exercício espiritual chato e desagradável. Quem pensa de acordo com esse modelo sempre irá usar de pressão para motivar os cristãos a participarem do culto. Essas pessoas não entenderam nada dos processos automáticos de crescimento que podem ser percebidos e estudados, especialmente no aspecto do culto. Ou seja, nas igrejas em que os cultos são celebrados de forma inspiradora, podemos observar que eles "por si mesmos" atraem as pessoas.

Também o modelo da espiritualização tem influência negativa sobre a forma do culto. Esse modelo sugere que a "espiritualidade verdadeira" acontece exclusivamente "no interior do ser". Fatores como uma sala de culto bem arrumada, um ministério de recepção organizado, um moderador competente, as partes do culto em uma sequencia que tenha sentido são, para pessoas que pensam de acordo com o modelo da espiritualização, sem importância, ou são até suspeitas de pertencerem aos aspectos exteriores da fé cristã.

Capítulo 1: Oito marcas de qualidade

Marca nº 6: Grupos pequenos

Se um dos princípios estudados deve ser considerado "o mais importante", este é, sem dúvida, a multiplicação dos pequenos grupos.

Nossa pesquisa sobre igrejas que crescem ou decrescem em todo mundo, nos levou à conclusão de que a multiplicação constante dos grupos pequenos é um princípio universal de crescimento de igreja. Além disso, nos mostrou como deve ser a vida em pequenos grupos para que influenciem positivamente a qualidade e o crescimento numérico da igreja. O fator decisivo para um grupo pequeno alcançar o seu objetivo é que ele seja um grupo integral, ou seja, completo em si mesmo. Isso significa que nesse grupo não só se estudam textos bíblicos, mas as verdades bíblicas são constantemente relacionadas a fatos concretos da vida diária dos cristãos. Os participantes desses grupos têm a possibilidade de levar à comunhão do grupo questões que realmente mexem com eles no dia a dia.

Grupos pequenos são o lugar natural em que cristãos aprendem a servir os outros participantes - membros ou não - do grupo com os seus dons. A multiplicação planejada desses grupos é possível pela contínua formação de novos líderes como uma consequencia da vida do grupo. No contexto dos grupos pequenos acontece aquilo que está por trás do conceito "discipulado": transferência de vida em vez do estudo de conceitos abstratos.

Grupos pequenos ou culto?

Há um resultado muito interessante em nossa pesquisa nesse aspecto. Apresentamos esta afirmação aos membros: "Para nós é mais importante que alguém participe de um grupo pequeno do que do culto", e pedimos para que indicassem a resposta que melhor descrevesse a situação em sua igreja. Como pode ser verificado no quadro abaixo, à esquerda, essa afirmação é negada tanto em igrejas que crescem quanto em igrejas que decrescem, em igrejas cuja qualidade está acima da média quanto nas em que a qualidade está abaixo da média. Dessa forma, podemos ter certeza que esse não é um princípio de crescimento de igreja e na nossa forma de avaliação tampouco contribui para determinar o índice de qualidade de uma igreja. Trata-se aqui de uma posição radical não predominante.

Mesmo assim, se observarmos um pouco mais detalhadamente os resultados, percebemos que esta "posição radical não predominante" aparece com maior frequência em igrejas com qualidade superior à média do que nas igrejas com índice de qualidade inferior à média.

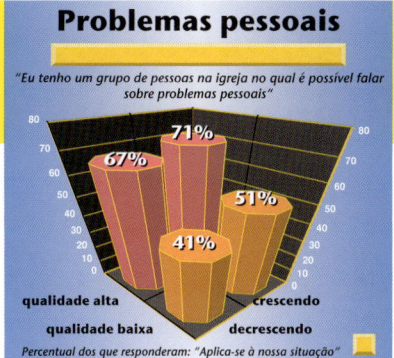

Capítulo 1: Oito marcas de qualidade

Nos dois quadros ao lado estão duas das doze perguntas relacionadas a pequenos grupos, cujas respostas revelam uma forte relação com a qualidade e o crescimento numérico da igreja.

Isso significa que existe a grande tendência de as pessoas darem preferência à participação em grupos pequenos e não nos cultos (uma alternativa no mínimo interessante), com maior probabilidade em igrejas com índice de qualidade superior e em igrejas que crescem. Isso ainda não faz dessa afirmação um princípio de crescimento de igreja, pois um princípio é algo que não pode faltar em hipótese alguma em uma igreja. Porém nos faz tirar conclusões sobre a importância que é dada aos grupos pequenos nas igrejas que crescem. Eles não são um "hobby" agradável, descartável em caso de necessidade; pelo contrário, nos grupos pequenos acontece muito daquilo que é a essência da igreja de Jesus Cristo. Nossa pesquisa confirmou que quanto maior é a igreja, tanto maior é a importância do princípio dos grupos pequenos com vistas ao crescimento da igreja.

Depois de termos processado todas as respostas à pesquisa, calculamos quais das 170 variáveis que estavam na base dos nossos questionários, tinham a maior correspondência com o crescimento da igreja. Não é por acaso que a variável que o computador escolheu caiu no campo da marca de qualidade "grupos pequenos". E a variável escolhida foi a reação positiva à afirmação, "Na nossa igreja há o estímulo consciente para que o número de grupos pequenos aumente pela multiplicação" (quadro acima, à direita). Se um dos princípios estudados deve ser considerado "o mais importante", então é, sem dúvida, a multiplicação dos pequenos grupos.

A pergunta "mais importante"

Para fazer juz à importância dos grupos pequenos desenvolvemos todo o nosso material de edificação de igreja de tal forma que pudesse ser aplicados nesse contexto. Pudemos constatar que existe uma enorme diferença entre a liderança de uma igreja discute e delibera sobre assuntos como "evangelismo", "relacionamentos marcados pelo amor" ou "ministérios orientados pelos dons" e aquela igreja em que cada membro está integrado em um grupo pequeno e passa por um processo em que o participante experimenta na prática a relação entre esses conceitos e a vida do grupo.

Grupos pequenos — os pilares da edificação da igreja

Capítulo 1:
Oito marcas de qualidade

Marca nº 7: Evangelização orientada para as necessidades

> *É fundamental diferenciar entre cristãos que receberam de Deus o dom do evangelismo e cristãos a quem Deus deu outros dons.*

Dificilmente um aspecto do crescimento de igreja está tão preso a clichês, dogmas e mitos como a área da "evangelização". Isso tanto para os céticos em relação à evangelização quanto na vida daqueles que fizeram da evangelização a missão da sua vida. Muito já se debateu a respeito deste tópico a ponto de não haver uma distinção clara entre os métodos da evangelização, que podem ter sido usados com sucesso por algumas igrejas, e os verdadeiros princípios de evangelização, que se aplicam a todas as igrejas sem exceções.

Infelizmente, a "pesquisa de evangelização" feita até aqui (se é que existiu de fato) se limitava à observação da eficácia de eventos evangelísticos isolados. Dessa forma, é possível constatar, sem dúvida, se aquele evento teve "sucesso", mas não se essa forma de evangelização é um princípio válido para todas as igrejas (veja págs. 16-17). Sempre que um "evento bem sucedido" é transformado em um "princípio de crescimento da igreja" – e este é um passatempo no meio cristão – isso causa uma confusão tremenda.

Cada cristão um evangelista?

A nossa pesquisa provou que a tese, defendida com naturalidade nas igrejas evangelisticamente ativas, de que "cada cristão é um evangelista", é incorreta. O verdadeiro cerne (comprovado empiricamente) desse lema é, sem dúvida, que a tarefa de cada cristão é investir os seus dons específicos para o cumprimento da Grande Comissão. Mas isso, de forma alguma, faz de cada cristão um "evangelista". Evangelista é aquele a quem Deus deu o dom espiritual correspondente. Em um de nossos estudos anteriores comprovou-se exatamente a tese de C. Peter Wagner que dizia que isso se aplica a 10% dos cristãos.

Quem tem o dom do evangelismo?

É fundamental fazer diferença entre cristãos que receberam de Deus o dom do evangelismo e cristãos a quem Deus deu outros dons. Se "todos os cristãos são evangelistas" já não precisamos descobrir aqueles 10% que têm de fato o dom de evangelista. Nessa filosofia de trabalho os 10%, que têm esse dom, são negligenciados, enquanto os outros 90%, que não têm o dom, são sobrecarregados. No fim das contas é um modelo frustrante, além de tecnocrático. A pesquisa mostra que em igrejas com índice de qualidade elevado a liderança da igreja conhece aqueles que têm o dom do evangelismo (veja quadro acima à direita) e os estimula e encaminha para o seu ministério.

O dom de evangelista

Capítulo 1: Oito marcas de qualidade

Pastor: "Conheço as pessoas que têm o dom de evangelista na nossa igreja."

- 70% qualidade alta / crescendo
- 65% qualidade alta / decrescendo
- 43% qualidade baixa / crescendo
- 21% qualidade baixa / decrescendo

Percentual dos que responderam: "Aplica-se à nossa situação"

Um dos mais importantes princípios da evangelização: a distinção entre aqueles cristãos que têm o dom de evangelismo e aqueles que não têm esse dom.

O que cada cristão deveria fazer

É a tarefa de cada cristão, no entanto, servir àquele não cristão, com quem tem um bom relacionamento, com o dom que Deus lhe deu e engajar-se para que essa pessoa entre em contato com a igreja e ouça o evangelho. A chave para o crescimento da igreja é que ela direcione as suas atividades evangelísticas para os questionamentos e dificuldades dos incrédulos. Nisso a "evangelização orientada para as necessidades" difere das "formas manipulativas" em que a orientação pelas necessidades é substituída, frequentemente, por pressão sobre o incrédulo.

Aproveitar os contatos existentes

É interessante notar que tanto em igrejas que crescem quanto nas que decrescem, não há diferença entre o número de contatos que os cristãos têm com incrédulos (nos dois casos a média por cristão é de 8,5). Portanto, desafiar os cristãos a fazerem novos contatos com não cristãos não é nenhum princípio de crescimento. O que, interessa de fato, é aproveitar os contatos já existentes para a evangelização. Em cada uma das igrejas pesquisadas (portanto também naquelas que se queixam de terem perdido o contato com o mundo lá fora) a quantidade de contatos com as pessoas de fora é tão grande que não há a necessidade de enfatizar o início de novos contatos.

Capítulo 1: Oito marcas de qualidade
Marca nº 8: Relacionamentos marcados pelo amor fraternal

Igrejas que crescem têm, em média, um "quociente de amor" mensurável mais elevado do que igrejas estagnadas ou em declínio.

Quando há alguns anos publicamos o nosso material de trabalho para ajudar grupos de cristãos e igrejas inteiras a crescer na arte de expressar o amor cristão uns pelos outros, ouvi de vários especialistas que isso com certeza não era "material de edificação da igreja". No entanto a nossa pesquisa mostrou que existe uma correspondência altíssima entre a capacidade de demonstrar amor em uma igreja e o seu potencial de crescimento. Igrejas que crescem têm, em média, um "quociente de amor" mensurável mais elevado do que igrejas estagnadas ou em declínio.

Para determinar esse "quociente de amor", tentamos descobrir (entre outras coisas) quanto tempo os membros de igreja gastam entre si fora das atividades da igreja. Com que frequência eles se convidam para uma refeição ou para um cafezinho? Quanto eles se elogiam uns aos outros na igreja? Em que medida o pastor conhece as necessidades pessoais dos seus colaboradores? O quanto se ri na igreja? Duas das 12 variáveis que constituem o "quociente de amor" estão nos quadros da página à direita.

A conclusão é de que atrás dessas perguntas, que muitos estrategistas consideram supérfluas, se escondem princípios fundamentais de crescimento da igreja. Dito objetivamente: enquanto o culto para o visitante não é um princípio de crescimento da igreja como não o é a campanha evangelística de massas e nem a "batalha espiritual" (não desmerecendo a importância desses elementos), o "riso na igreja" tem uma correspondência significativa com a qualidade e o crescimento numérico de uma igreja. É interessante que aspectos como esse, indubitavelmente princípios de crescimento de igreja, não têm importância alguma na literatura sobre o assunto.

Os efeitos do amor cristão

Amor verdadeiro dá à igreja um brilho, produzido por Deus, muito mais eficaz do que programas evangelísticos que dependem exclusivamente de comunicação verbal. As pessoas sem Deus não precisam nos ouvir falar sobre amor; elas querem experimentar o amor cristão na prática do dia a dia.

Quanto mais tecnocrática uma igreja for, maior dificuldade ela terá em transformar em prática o mandamento do amor cristão. Já que no modelo tecnocrático a fé cristã é entendida em primeiro lugar como o cumprimento de certos padrões dogmáticos e morais, aí já surge um déficit em relação à capacidade de amar e de se relacionar dos cristãos. Nessas igrejas os esforços para amar tornam-se algo artificial.

**Capítulo 1:
Oito marcas de qualidade**

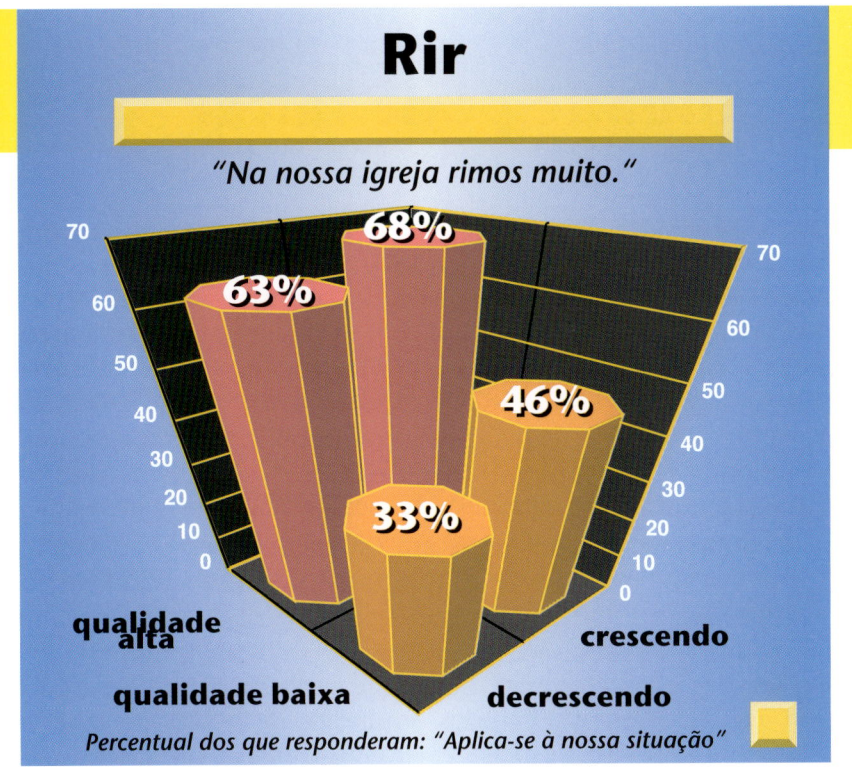

Rir

"Na nossa igreja rimos muito."

- 68% qualidade alta
- 63% qualidade baixa
- 46% crescendo
- 33% decrescendo

Percentual dos que responderam: "Aplica-se à nossa situação"

A pergunta sobre se existe muito riso em uma igreja tem uma forte correlação com sua qualidade e seu crescimento. Curiosamente, aspectos como este encontram pouca referência na literatura de crescimento da igreja.

O modelo da espiritualização também traz perigos para a capacidade de amar de uma igreja. Em contrapartida ao conceito bíblico de amor – amor é fruto, ação – nesses círculos geralmente se incentiva o conceito secularizado do amor romântico. O amor como um sentimento que cai sobre alguém que tem sorte e depois desaparece novamente da mesma forma misteriosa. De acordo com esse modelo, é impossível examinar empiricamente a capacidade de amar de uma igreja. Esforços planejados para melhorar a capacidade de amar da igreja são considerados esforços em vão.

A concepção romântica do amor

Amizade

"Quantas vezes, nos últimos dois meses, você convidou outros membros da sua igreja para uma refeição ou para um café na sua casa?"

- 17x qualidade alta
- 16x qualidade baixa
- 13x crescendo
- 11x decrescendo

Percentual dos que responderam: "Aplica-se à nossa situação"

É interessante observar que o "fator mínimo" mais comum de igrejas que têm mais de 1.000 membros é a marca de qualidade "relacionamentos marcados pelo amor fraternal". Sempre que o amor é deixado de lado, no entanto, o desenvolvimento da igreja nas outras áreas está bloqueado em um ponto crucial.

Capítulo 1: Oito marcas de qualidade
Nenhuma marca de qualidade pode faltar

Toda igreja que quiser crescer em qualidade e em quantidade precisa ter todas as oito marcas de qualidade.

O real desafio do nosso projeto internacional de pesquisa foi desenvolver um procedimento que pudesse medir e comparar empiricamente as oito marcas de qualidade, pois a importância desses padrões já havia sido comprovada nos nossos estudo preliminares. Para cada um dos oito aspectos desenvolvemos uma série de perguntas que tinham como objetivo obedecer a dois critérios:

a. As perguntas deveriam estar em correspondência empiricamente comprovada (análise de fatores e de itens) com outras perguntas da mesma escala (ou seja, da mesma marca de qualidade).

b. As perguntas deveriam estar em correlação comprovadamente positiva com o crescimento quantitativo da igreja (validade do critério).

Em cada país pesquisado os dados encontrados foram fixados em um valor médio de 50, ou seja, a igreja média de cada país tem em todos os oito campos um índice de qualidade igual a 50. O resultado da pesquisa foi que igrejas que crescem estão significativamente acima do valor de qualidade em todos os oito campos, enquanto as igrejas que estão em declínio numérico se encontram abaixo do valor médio de qualidade (veja quadro à direita acima).

O que importa é o conjunto

O ponto crucial dessa pesquisa é que não há fator que por si só possa provocar o crescimento de uma igreja, mas sim a ação conjunta dos oito elementos. Toda igreja que quiser crescer em qualidade e em quantidade precisa ter todos os elementos. Por exemplo, a afirmação entre muitos cristãos de que "o crescimento da igreja é exclusivamente uma questão de oração" transforma a marca de qualidade "espiritualidade contagiante" em elemento absoluto e o coloca no lugar de todos os outros. Se isso fosse verdade, poderíamos também dizer que sem amor, sem o engajamento dos dons, sem evangelização, é possível edificar a igreja. Não só é possível provar empiricamente que essa afirmação é incorreta, como é possível provar pela Bíblia que ela é "heresia". Muita oração, mas nada de amor, nem dons, nem evangelização? Que figura estranha surgiria disso? Nesses pontos é possível notar as contradições daquilo que denominamos de "paradigma da espiritualização".

Tampouco o trabalho em pequenos grupos, o culto, a liderança e nem as estruturas ou outro elemento qualquer são "a chave" para o crescimento de igreja. "A chave" está na ação conjunta, harmoniosa de todos os oito elementos. Se alguém, mesmo com

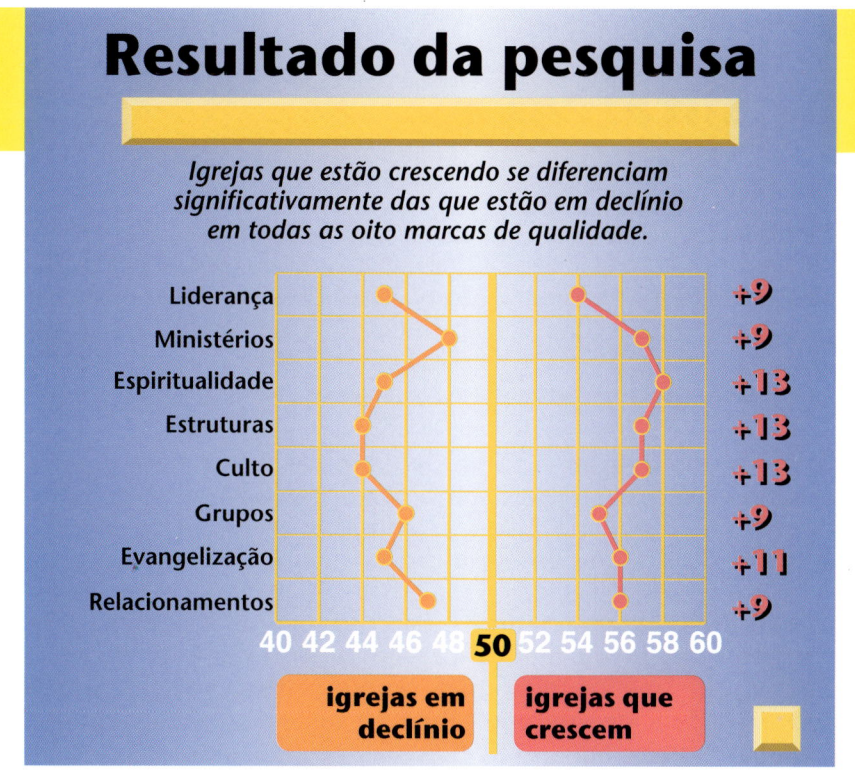

Resultado da pesquisa

Igrejas que estão crescendo se diferenciam significativamente das que estão em declínio em todas as oito marcas de qualidade.

Marca	Diferença
Liderança	+9
Ministérios	+9
Espiritualidade	+13
Estruturas	+13
Culto	+13
Grupos	+9
Evangelização	+11
Relacionamentos	+9

40 42 44 46 48 **50** 52 54 56 58 60

igrejas em declínio | igrejas que crescem

Capítulo 1: Oito marcas de qualidade

Há uma diferença qualitativa entre igrejas em crescimento e em declínio: nossa pesquisa em todas as igrejas nos seis continentes, indica que, na média, as igrejas em crescimento têm um maior índice de qualidade em todas as oito áreas do que aquelas em declínio.

muito boa intenção, quiser nos provar algo diferente da conclusão acima, não podemos dar ouvidos.

Com base nos dados coletados, podemos demonstrar empiricamente, pela primeira vez, as seguintes três teses:

1. Igrejas que crescem, via de regra, se diferenciam estatisticamente, de forma significativa em todos os oito campos das igrejas que estão em declínio. Igrejas que crescem têm, portanto, uma qualidade superior mensurável.
2. Há exceções para essa regra, ou seja, existem igrejas que crescem numericamente e que têm um índice de qualidade abaixo da média. O crescimento numérico pode ser alcançado também de outras formas, além do trabalho com os oito fatores de qualidade (por exemplo, campanhas de marketing, fatores contextuais, etc.).
3. Para *uma* regra, no entanto, não achamos uma única exceção entre as 1.000 igrejas pesquisadas. Toda igreja na qual o índice de qualidade em todas as marcas de qualidade está acima de 65 é, sem exceção alguma, uma igreja que cresce numericamente. Existe, portanto, um valor qualitativo comprovável estatisticamente, que sempre leva uma igreja ao crescimento. Esse resultado é, certamente, uma das descobertas mais reveladoras da nossa pesquisa.

Três conclusões importantes

Capítulo 1:
Oito marcas de qualidade

O ponto de partida qualitativo

> *No DNI nosso ponto de partida não são as manisfestações visíveis de crescimento, mas sim as causas do crescimento qualitativo.*

O ponto de partida qualitativo, como foi descrito nos últimos capítulos, tem consequências significativas sobre o trabalho prático. Não partimos da pergunta, "Como conseguiremos levar mais pessoas para o nosso culto?", mas sim de "Como vamos crescer nos oito aspectos da qualidade da nossa igreja?" Por trás dessa pergunta está a convicção fundamentada teológica e empiricamente de que essa qualidade sempre terá efeitos sobre o crescimento numérico.

Nosso ponto de referência no DNI não são as manifestações visíveis de crescimento, tais como aumento do número de participantes no culto, mas nos concentramos nas razões espirituais e estratégicas que estão por trás do crescimento, como descrito pelas características das oito marcas de qualidade. Os resultados mensuráveis do DNI (conforme descritos no prefácio, págs. 3-5), me parecem ser a comprovação empírica de que o "princípio do por si mesmo", é muito mais do que simplesmente uma bela teoria. Ele funciona na prática, como pode ser demonstrado. E isso não é nada admirável, pois não se trata de um princípio inventado por seres humanos, mas criado por Deus! Aquilo que descrevemos com palavras imperfeitas não é nada mais do que a tentativa humana de aplicarmos melhor esse princípio divino.

Qualidade gera quantidade

Com base nesses fatos fundamentados empiricamente quero posicionar-me claramente contra a tese tão difundida pelo movimento do crescimento de igreja, de que para o *crescimento numérico* de uma igreja precisamos de métodos diferentes dos empregados para o desenvolvimento da sua *qualidade*. Temos todos os motivos para falarmos da convicção contrária. Exatamente os mesmos "métodos" que produzem qualidade maior na igreja também geram, como efeito colateral, o crescimento numérico.

Até quero questionar, com base na nossa pesquisa, o aspecto de que sempre se aceita como padrão, com a maior naturalidade, "igrejas que crescem" (portanto um critério estritamente quantitativo). Como vimos nas páginas anteriores, há exemplos suficientes de igrejas que crescem, mas que têm índice de qualidade abaixo da média. Como vimos, essas são igrejas nas quais a maioria dos membros não conhece os seus dons, há pouco amor prático, pouca oração fervorosa, igrejas nas quais os membros não têm muita alegria na comunhão uns com os outros e em que se ri pouco. Mas ainda assim continuam crescendo. Se carimbarmos esse "crescimento" como padrão absoluto, isso significa que temos de aprender com a "receita do sucesso" dessas igrejas. Mas, dificilmente teremos algo a aprender delas.

Capítulo 1:
Oito marcas de qualidade

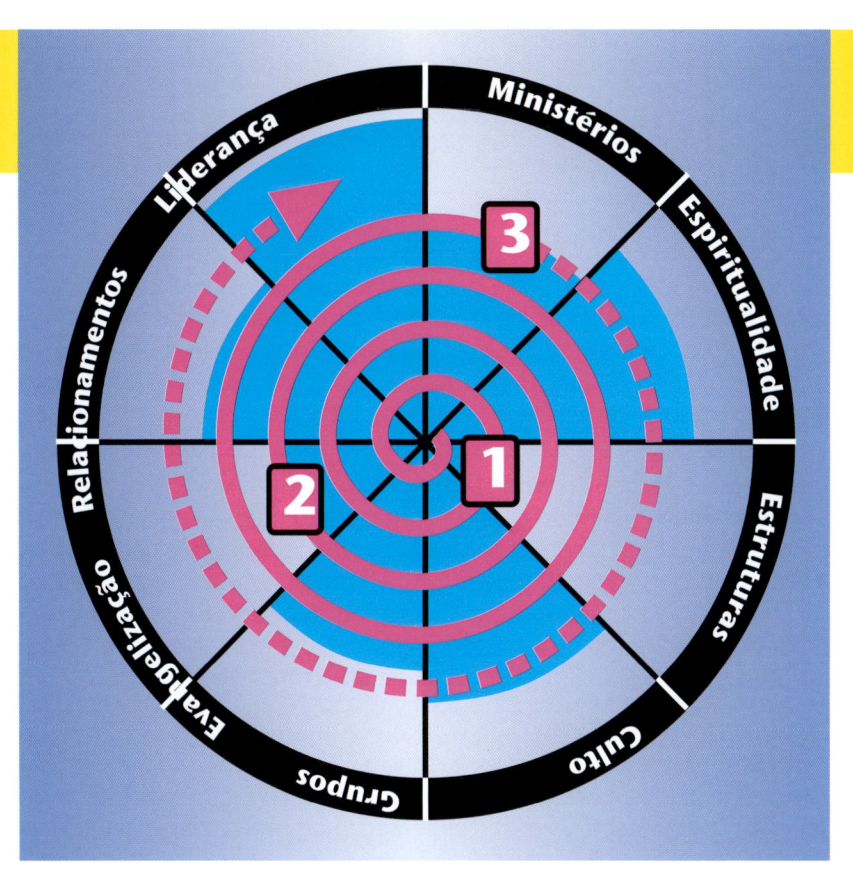

A relação entre qualidade (área azul) e crescimento numérico (espiral rosa) em uma igreja: segundo o Desenvolvimento Natural da Igreja, a qualidade influencia a participação no culto. A marca de menor índice de qualidade ("fator mínimo") apresenta o aspecto crítico.

É possível dizer ainda mais. Até de igrejas em declínio numérico, com índice de qualidade abaixo da média (um fenômeno raríssimo) é possível aprender muito mais do que de igrejas que crescem, mas cujo índice de qualidade está abaixo do desejado. Se isso soa um absurdo, observe mais uma vez os diagramas das páginas 22-37, em que são comparadas essas duas categorias de igrejas. Isso deveria convencer até os maiores defensores do crescimento numérico de que a estratégia que se preocupa primeiro com a qualidade da igreja é de longe o melhor ponto de partida.

Muitos defensores do crescimento de igreja reagem tão veementemente contra o ponto de partida qualitativo devido ao seu mau uso no passado. Até recentemente, era praticamente impossível medir com precisão a qualidade de vida da igreja. Isso permitiu às igrejas, mesmo sem nunca ter experimentado crescimento numérico, a se referir, hipocritamente, à sua suposta alta qualidade, apresentada como sendo muito mais importante do que a quantidade numérica. O que não é mais possível de ser feito. À luz da nossa pesquisa, ao contrário, podemos afirmar que a falta de crescimento numérico em uma igreja indica, via de regra, problemas na qualidade. A partir de certo grau de maturidade já não existem igrejas estagnadas ou até em declínio.

Oposição ao ponto de partida qualitativo

Capítulo 1:
Oito marcas de qualidade

Por que alvos de crescimento numérico são inadequados

Sete em cada dez igrejas que crescem trabalham sem alvos de crescimento numérico. E vão muito bem.

Em muitos livros sobre o crescimento de igreja descobrimos um mito inabalável: uma igreja que quer crescer, assim afirmam, precisa de alvos concretos de crescimento numérico, como "Até o ano de 2012 queremos ter 3.400 pessoas nos nossos cultos". Este é o típico desafio que os cristãos identificam com o movimento de crescimento de igreja.

Entretanto, nossa pesquisa revelou que somente 31% de todas as igrejas que crescem acima da média trabalham com esse tipo de alvo. Em outras palavras, sete em cada dez igrejas que crescem também conseguem trabalhar sem esses alvos, e, evidentemente estão indo muito bem (veja o quadro). Esse resultado, por si só, ainda não diz muito sobre as vantagens (ou desvantagens) dos alvos numéricos de crescimento, mas indica que não se trata aqui, de forma alguma, de um princípio universal de crescimento de igreja.

O significado de alvos

Para não ser mal interpretado, deixe-me enfatizar que não conheço nenhuma igreja que cresce que consiga trabalhar sem a força motivadora de alvos e objetivos concretos. As igrejas necessitam de alvos precisos, desafiadores, limitados no tempo e mensuráveis para fazerem progresso em seu desenvolvimento. Mas expressar tais objetivos em números de participantes nos cultos não me parece muito sábio. Será que a afirmação de que "em um futuro próximo teremos 3.400 pessoas no culto" irá me estimular a alguma ação concreta? É claro que posso até me admirar com esse alvo, mas em que ele vai me impulsionar a passos concretos com vistas à edificação da igreja?

Creio que algo básico foi esquecido aqui. Alvos só podem motivar pessoas se estiverem relacionados a áreas em que estas possam ser influenciadas pessoalmente. O número mágico 3.400, por exemplo, é pouco estimulante. A obsessão por um número pode até ser contraproducente. Como eu, um simples membro, poderia contribuir de forma significativa para esse alvo? Entretanto, engajar-me para que os relacionamentos com outras pessoas do grupo pequeno se tornem mais fraternos, que eu recepcione com um sorriso os visitantes do culto, que eu convide pessoas distantes da igreja para um café em casa, que eu devote tempo bem definido do meu dia à oração, tudo isso são exemplos de alvos que podem ser alcançados com a minha participação. O interessante é que a concentração dos

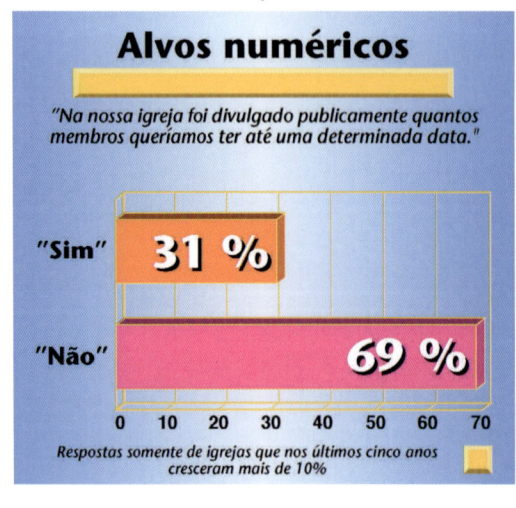

Alvos numéricos

"Na nossa igreja foi divulgado publicamente quantos membros queríamos ter até uma determinada data."

"Sim" — 31 %
"Não" — 69 %

Respostas somente de igrejas que nos últimos cinco anos cresceram mais de 10%

Capítulo 1:
Oito marcas de qualidade

esforços em alcançar esses tipos de alvo qualitativos tem uma correspondência comprovadamente maior sobre o crescimento numérico da igreja do que os supostos alvos numéricos em relação à participação no culto.

A diferenciação entre aquilo que podemos "fazer" na igreja (por exemplo, elevar a qualidade do trabalho) e aquilo que não podemos "fazer" (por exemplo, elevar o número de participantes do culto e das conversões) – na Parte 4 falaremos mais sobre esse assunto – tem consequências práticas. Em outras palavras, deveríamos nos esforçar em colocar alvos na igreja que estejam no âmbito daquilo que é possível "ser feito" pelo ser humano e não no âmbito daquilo que só Deus pode fazer. É possível que alguns autores do movimento do crescimento de igreja propaguem os números de participantes dos cultos com tanta dedicação porque em segredo pensam que isso pode ser produzido pelo homem? Como já observamos antes, essa ilusão é característica do modelo tecnocrático.

É evidente que não é errado contar os participantes do culto e transformar os números em dados estatísticos. Pelo contrário, isso é muito útil. No entanto, o que importa é que não se dê uma importância exagerada a esse aspecto. O crescimento de participantes no culto não é o único alvo ao qual todas as outras coisas precisam se submeter como meios para alcançar um fim; na verdade, é uma consequência natural da melhoria na qualidade.

A diferença entre alvos e consequências

Daí tiramos uma conclusão muito importante. Pelo fato de o aumento dos participantes do culto ser uma consequência natural da qualidade elevada de uma igreja, a observação das transformações que ocorrem no culto pode ser usada como um instrumento de controle e supervisão do sucesso do trabalho. Entre outras coisas, essa observação vai nos fornecer dados importantes sobre os nossos esforços na melhoria da qualidade da igreja e evidenciar se esses esforços estão dando frutos. É claro que o número crescente de participantes no culto não é prova da maturidade da igreja. Mas, se uma determinada igreja não tem crescimento numérico há anos, a razão disso deve ser achada na falta de qualidade da igreja.

O ponto de partida para o Desenvolvimento Natural da Igreja não é, portanto, alvos numéricos ("3.400 membros até o ano 2012"), mas alvos no âmbito qualitativo (por exemplo, "até o fim de novembro 80% dos membros devem ter descoberto os seus dons espirituais"). Nesse campo não deveríamos esperar nem mais um dia para colocarmos alvos desafiadores, alcançáveis, limitados no tempo e mensuráveis.

Alvos qualitativos em vez de quantitativos

*Capítulo 1:
Oito marcas de qualidade*

Como definir objetivos qualitativos

O que aconteceria se a qualidade de cada uma das oito áreas duplicasse?

O que é uma meta "qualitativa"? Para ser claro, "qualitativo" não tem nada de "exótico"! Metas qualitativas são precisas, com limite de tempo, verificáveis, com objetivos mensuráveis que se relacionam com o aumento da qualidade em uma igreja.

Não se trata de uma "meta qualitativa", quando um membro da igreja diz: "Eu quero me tornar um cristão melhor", ou quando uma igreja declara: "No futuro, queremos nos relacionar entre nós de uma forma mais amorosa e espiritual". Estas declarações são muito boas, mas não são objetivas. O quadro à direita traz alguns exemplos do que quero dizer com metas qualitativas.

Aumento contínuo da qualidade

Quando estabelecemos metas, precisamos fazê-lo nas áreas em que realmente podemos ter alguma influência. Esta é a razão principal pela qual os objetivos que visam o aumento no número de participantes no culto são muitas vezes contraproducentes (ver págs. 44-45). Por outro lado, a qualidade das oito áreas-chave da vida da igreja pode ser definitivamente afetada por nossa atuação. O que mais, na verdade, deveria ser a meta do planejamento da igreja, se não o aumento contínuo da sua qualidade? Devemos deixar ao acaso se os cristãos irão aprender a discernir os seus dons, ou se relacionar com os outros com amor fraternal, se eles têm tempo e local para partilhar os aspectos espirituais, ou encontrar seu papel no cumprimento da Grande Comissão?

Como posso contribuir?

Em meus seminários, após as oito marcas de qualidade terem sido discutidas, muitas vezes eu pergunto: "O que aconteceria se a qualidade de cada uma das oito áreas duplicasse nos próximos doze meses?" Poucas pessoas que pensam sobre esta questão irão perceber que isso poderia iniciar um enorme processo de transformação, merecedor do nosso total e apaixonado envolvimento, mesmo que não estejam cientes dos princípios do Desenvolvimento Natural da Igreja em detalhes.

Então eu pergunto: "O que podemos fazer em cada uma das oito áreas, a fim de produzir esse aumento de qualidade?" Esta questão nos leva diretamente ao estabelecimento de metas do processo. O problema, em muitas igrejas, é que a liderança debate sobre todos os tipos de assunto, mas não aborda coisas concretas para o aumento da qualidade da igreja nas oito áreas acima mencionadas, como execução, planejamento, oração e apoio.

Capítulo 1: Oito marcas de qualidade

Área de ministério	Exemplos de metas qualitativas
Liderança	"Até o final do ano, nosso pastor será liberado em 20 por cento de suas atribuições regulares, a fim de se dedicar à formação de obreiros."
Ministério	"Ao final de nove meses, 80 por cento daqueles que frequentam os cultos terão descoberto seus dons espirituais e 50 por cento estará ativo em um ministério correspondente".
Espiritualidade	"Em 1º de fevereiro teremos decidido qual dos três obreiros em análise assumirá a coordenação do ministério de oração".
Estruturas	"Até o final de dezembro deste ano, teremos apontado uma pessoa para cada uma das nove áreas de ministério estabelecidas de nossa igreja."
Culto	"A partir do início do próximo ano, teremos um culto a cada trimestre especificamente direcionado a alcançar os não cristãos."
Grupos pequenos	"Nos próximos seis meses, dividiremos nosso grupo de estudo bíblico, e o atual vice-líder irá assumir a liderança do novo grupo."
Evangelização	"Até o final de abril a liderança da igreja terá identificado quais são os 10 por cento dos cristãos que Deus tem abençoado com o dom de evangelismo e terá tido uma conversa pessoal com cada um em relação a este dom".
Relacionamentos	"Depois de ter estudado 'As 3 Cores do Amor', durante três meses, cada grupo participante do estudo bíblico concordará com a afirmação: 'Eu gosto muito mais de fazer parte deste grupo hoje, do que há algum tempo'."

Neste gráfico, você encontrará um exemplo de "meta qualitativa" para cada uma das oito marcas de qualidade. Por favor, note que os exemplos são ilustrações escolhidas aleatoriamente. Não há metas padrão para todas as igrejas, cada igreja deve definir os objetivos que prometem o maior progresso possível no desenvolvimento da igreja conforme as suas características.

Capítulo 1: Oito marcas de qualidade
Igrejas grandes são igrejas sadias?

Em praticamente todos os fatores de qualidade relevantes as igrejas grandes estão em situação pior do que as igrejas pequenas.

Quem está familiarizado com a literatura do crescimento da igreja, a todo momento se depara com igrejas grandes que, supostamente, são dignas de serem imitadas. Por trás disso está o pressuposto de que igrejas grandes são definitivamente igrejas sadias. Mas será que é possível sustentar essa tese? Nossa pesquisa revelou, pela primeira vez, que o oposto, via de regra, é verdadeiro. Gostaria de descrever passo a passo, ao longo do nosso projeto, como chegamos a essa conclusão:

1. A primeira surpresa na avaliação dos dados veio quando analisamos e comparamos os números médios dos participantes dos cultos e dos membros de igrejas que crescem e daquelas em que há queda do número de membros (veja quadro de cima nesta página). Resultado: igrejas que estão perdendo membros têm, em média, o dobro de membros das igrejas que crescem; também a participação nos cultos está, em média, 17% acima das igrejas que crescem.

2. No próximo passo de seleção dos dados testamos o crescimento real tanto de igrejas "grandes" quanto de igrejas "pequenas" nos últimos cinco anos (veja quadro de baixo nesta página). Resultado: a média está em 13% nas igrejas pequenas e apenas 3% nas igrejas grandes. Também em relação ao índice de qualidade ficou demonstrada uma diferença estatística interessante: igrejas grandes estavam dois pontos abaixo do valor fixado 50; igrejas pequenas dois pontos acima.

3. Das 170 variáveis que estavam na base do nosso questionário o computador estabeleceu aquelas que tinham a correspondência negativa mais forte com o crescimento de igreja. Resultado: de todas as variáveis estabelecidas a igreja grande está em terceiro lugar entre os fatores de pior influência sobre o crescimento da igreja, próximo de "teologia liberal" e "tradicionalismo".

4. Para definir um pouco melhor as categorias "grande" e "pequena" analisamos, em seguida, igrejas de diversos tamanhos: 1-100 participantes no culto, 100-200, 200-300, 300-400, etc. (veja quadro à direita). O resultado foi que a taxa de crescimento da igreja diminui à medida que a igreja se torna maior.

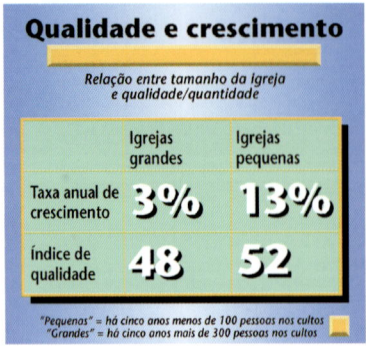

Tamanho de igreja

Tamanho médio de igrejas que crescem e igrejas que decrescem

	Igrejas que crescem	Igrejas em declínio
Número de membros	297	636
Participantes do culto	202	235

Valores médios de todas as igrejas pesquisadas

Qualidade e crescimento

Relação entre tamanho da igreja e qualidade/quantidade

	Igrejas grandes	Igrejas pequenas
Taxa anual de crescimento	3%	13%
Índice de qualidade	48	52

"Pequenas" = há cinco anos menos de 100 pessoas nos cultos
"Grandes" = há cinco anos mais de 300 pessoas nos cultos

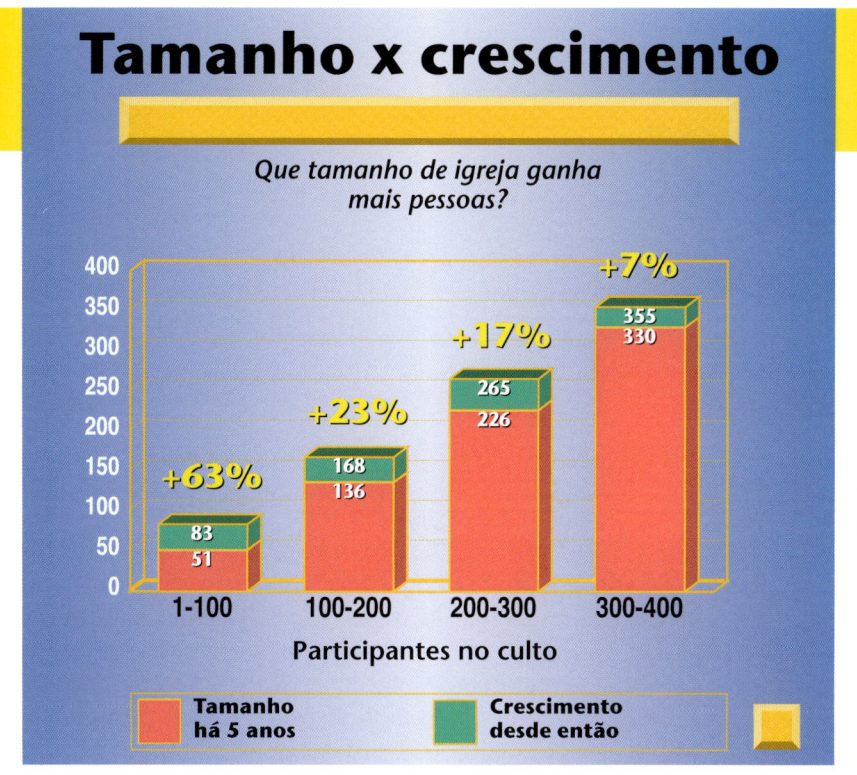

Tamanho x crescimento

Capítulo 1: Oito marcas de qualidade

Que tamanho de igreja ganha mais pessoas?

Participantes no culto	Tamanho há 5 anos	Crescimento desde então	Variação
1-100	51	83	+63%
100-200	136	168	+23%
200-300	226	265	+17%
300-400	330	355	+7%

Com o aumento do tamanho da igreja, a taxa de crescimento diminui drasticamente, entretanto o número de novos indivíduos ganhos para uma igreja permanece relativamente constante em cerca de 30 pessoas em todas as quatro categorias (em um período acima de cinco anos).

O fato em si não é tão surpreendente porque com o crescimento da igreja as porcentagens correspondentes significam muito mais pessoas. A real surpresa veio à tona quando transformamos os valores percentuais em números absolutos. Resultado: igrejas na menor categoria alcançaram, em média, 32 pessoas nos últimos cinco anos; igrejas com o número de participantes no culto entre 100 e 200 ganharam, também, 32 pessoas; igrejas com o número de participantes entre 200 e 300 ganharam 39 pessoas e igrejas com o número de participantes entre 300 e 400 ganharam 25 pessoas para Jesus. Em outras palavras, uma igreja "pequena" conquista, em média, tantas pessoas quanto uma igreja "grande". Colocando isso em outras palavras, poderíamos dizer que duas igrejas de 200 membros conquistam o dobro de pessoas para Jesus do que uma igreja de 400 membros.

5. Mas será que em igrejas muito maiores (com mais de 1.000 membros) o quadro poderia ser totalmente diferente? Com a quantidade enorme de dados à nossa disposição pudemos comprovar de fato, pela primeira vez, essa suposição. Resultado: Enquanto na categoria de igrejas abaixo de 100 pessoas no culto (com média de 51 pessoas) nos últimos cinco anos foram ganhas, em média, 32 pessoas, o crescimento nas megaigrejas (com média de 2.856 pessoas no culto) foi de 112 pessoas no mesmo período. É evidente que em números absolutos isso

**Capítulo 1:
Oito marcas de qualidade**

Megaigrejas

Taxa de crescimento em "mini-igrejas" e em "megaigrejas" nos últimos cinco anos.

Crescimento: 38%
32 pessoas
"Mini-igrejas" (menos de 100 participantes)

Crescimento: 4%
112 pessoas
"Megaigrejas" (mais de 1000 participantes)

Tamanho há 5 anos
Crescimento desde então

Uso dos dons

Que porcentagem dos participantes do culto usam os seus dons na edificação da igreja?

31% 29% 26% 24% 17%

Abaixo de 100 | 100 a 200 | 200 a 300 | Acima de 300 | Acima de 1000

Participantes do culto

À esquerda, comparação de "megaigrejas" com "mini-igrejas". À direita, um exemplo de diminuição de qualidade com o aumento do tamanho da igreja.

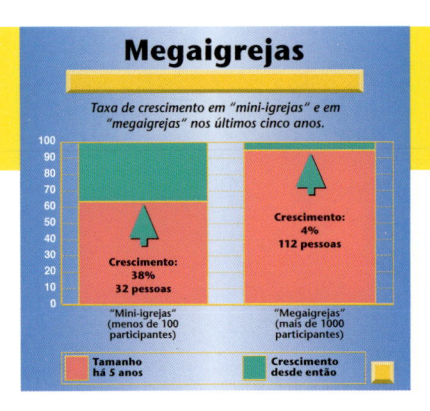

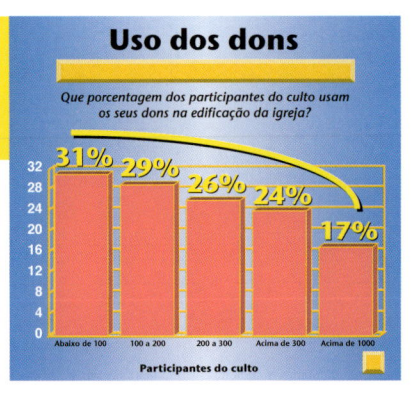

é bem maior do que nas "mini-igrejas" (veja quadro acima, à esquerda). Se nos conscientizarmos, no entanto, de que as megaigrejas são, em comparação, 56 vezes o tamanho das "mini-igrejas", o cálculo a seguir expressa mais realisticamente o potencial das duas categorias de igreja. Se em vez de uma igreja de 2.856 participantes no culto tivéssemos 56 igrejas de 51 pessoas, então estas igrejas, seguindo os dados estatísticos, iriam alcançar 1.792 novas pessoas em cinco anos, portanto 16 vezes o total da megaigreja. A eficácia evangelística das "mini-igreja" é, portanto, 1.600% maior do que a da megaigreja!

6. Em praticamente todos os fatores de qualidade relevantes as igrejas grandes estão em situação pior do que as igrejas pequenas. Cito dois exemplos: em "mini-igrejas" (portanto menos de 100 participantes) em torno de 31% dos participantes têm alguma atividade ou tarefa na igreja correspondente aos seus dons, segundo informações do pastor. Nas megaigrejas esse valor está em apenas 17% (veja quadro acima à direita). Em "mini-igrejas" 46% dos participantes estão engajados em grupos pequenos. Nas megaigrejas são apenas 12%. A diferença qualitativa foi semelhantemente dramática com relação à maioria das 170 variáveis com as quais tentamos classificar a qualidade das igrejas.

Regras e exceções à regra

Será que existem exemplos do contrário disso? Será que algumas igrejas grandes conseguem continuar crescendo e têm um padrão elevado de qualidade? Elas existem, é verdade. Elas são tão raras e diferentes que todo mundo fala delas. Esses casos são exceções à regra, e, em alguns casos, exceções espetaculares.

Devemos nos alegrar que elas existam. Mas devemos nos precaver de fazer desses casos modelos para outras situações. Creio ser muito mais útil observar mais de perto aquelas inúmeras igrejas pequenas que se destacam pelo seu alto padrão de qualidade, pelo crescimento notável e pelas formas inovadoras de multiplicação do modelo. Se estivermos procurando modelos para serem imitados, devemos buscá-los nessa categoria.

Capítulo 2

O fator mínimo

Muitos cristãos que descobrem os princípios do Desenvolvimento Natural da Igreja logo desanimam: "E eu preciso observar tudo isso ao mesmo tempo? Há tantas árvores na minha frente, que eu não consigo enxergar a floresta". Aqui entra em jogo o que definimos como a "estratégia do fator mínimo". Ou seja, é plenamente suficiente se concentrar em uma área. Mas qual é então a área estrategicamente decisiva? A nossa pesquisa demonstrou que também aqui podemos copiar uma analogia da agricultura: a concentração no fator mínimo. A estratégia do fator mínimo é a resposta do DNI ao cronograma ideal para o desenvolvimento da igreja.

Capítulo 2: O fator mínimo
Concentração das forças disponíveis

A estratégia do fator mínimo auxilia a igreja a fazer menos do que tem feito até agora, mas com mais qualidade.

Exemplo do perfil de uma igreja: o fator mínimo aqui é a marca de qualidade "grupos pequenos".

A estratégia do fator mínimo parte do ponto de que as marcas de qualidade menos desenvolvidas de uma igreja são as que mais bloqueiam o seu crescimento. Colocando isso de forma inversa, se concentrarmos a nossa energia, principalmente nos fatores mínimos, podemos esperar que isso por si só já trará desdobramentos positivos sobre o crescimento da igreja como um todo (veja os dois quadros).

Desenvolvimento Natural da Igreja não significa sempre fazer mais. Na verdade, deveria nos auxiliar a fazermos menos do que temos feito até agora, mas com mais qualidade. As energias disponíveis deveriam ser concentradas nos fatores-chave, espiritual e estrategicamente falando. Os possíveis efeitos desse tipo de concentração de forças podem ser ilustrados pela história de Davi e Golias. Golias, evidentemente, era o mais forte, mas Davi lutou com inteligência (divina). Em primeiro lugar concentrou as suas forças na funda, através da qual podia multiplicar a energia empregada. Em segundo lugar, acertou no lugar mais vulnerável do inimigo, na testa de Golias.

Da mesma forma uma vespa pode tirar um elefante de combate se aplicar corretamente as suas forças. Enquanto, segundo a lógica do modelo tecnocrático, causas pequenas têm somente efeitos pequenos, em um sistema de interdependência as menores causas podem gerar os efeitos mais duradouros.

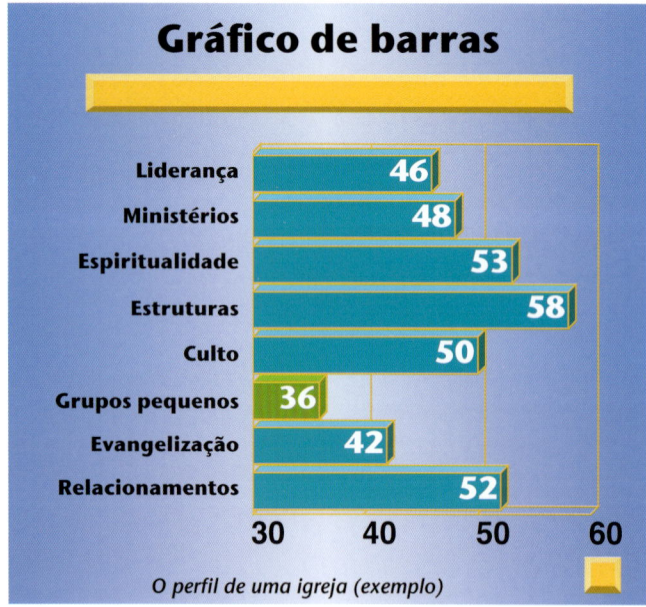

Gráfico de barras

Marca	Valor
Liderança	46
Ministérios	48
Espiritualidade	53
Estruturas	58
Culto	50
Grupos pequenos	36
Evangelização	42
Relacionamentos	52

O perfil de uma igreja (exemplo)

Na Parte 1 (pág. 40-41) dissemos que, se uma igreja alcança o índice de qualidade igual ou superior a 65 em todas as marcas de qualidade, com quase 100% de probabilidade, ela é uma igreja que cresce. A "hipótese do nível 65" já indica a importância estratégica do fator mínimo. Assim que uma igreja alcança o valor 65, isso também se reverte em crescimento numérico em todas as igrejas pesquisadas.

Capítulo 2:
O fator mínimo

Ao analisarmos os dados dessas igrejas, percebemos que a tentativa de elevar o índice de qualidade tem os melhores resultados quando se trabalha prioritariamente no fator mínimo.

Evidentemente, a estratégia do fator mínimo não afirma que, em valores absolutos, o fator mínimo, a área de maior dificuldade da igreja, seja mais importante do que os outros fatores. Conforme já vimos, o que é importante no Desenvolvimento Natural da Igreja é exatamente a combinação harmoniosa de todas as oito marcas de qualidade. Ou seja, de certo modo, precisamos trabalhar em todos os oito fatores ao mesmo tempo.

A estratégia do fator mínimo é simplesmente uma ferramenta para ordenar nossas prioridades dentro do cronograma do desenvolvimento da igreja. Já que não é possível trabalhar nas oito frentes com força e concentração igual, é importante escolher aquelas áreas em que a energia investida dê resultados mais duradouros.

É óbvio que o fator mínimo varia muito de igreja para igreja. Se na igreja "A" o ponto estratégico a ser trabalhado são as "estruturas eficazes", na igreja "B" é a "espiritualidade contagiante" e na igreja "C" é a "liderança capacitadora". Cada igreja precisa descobrir por si qual é o ponto estratégico na sua situação e resistir à tentação de querer aplicar essa experiência para outras igrejas.

Também dentro de uma igreja é possível que em diferentes épocas, diferentes marcas de qualidade sejam os fatores mínimos. O fator mínimo pode mudar rapidamente, principalmente se houver um trabalho concentrado nessa área. Cada perfil de igreja (também o mostrado nesta página) reflete exclusivamente uma situação momentânea, que em pouco tempo pode estar ultrapassada.

O perfil da mesma igreja da página anterior, aqui apresentado em espiral (veja mais detalhe na pág. 101). As áreas em azul mostram o grau de desenvolvimento das marcas de qualidade. A espiral em rosa mostra a evolução da participação nos cultos. Neste caso, o crescimento ainda é inibido pela falta de "grupos pequenos".

Gráfico em espiral

Capítulo 2: O fator mínimo
A figura do barril mínimo

A aduela mais curta define quanta água vai caber no barril.

Tenho percebido com minha experiência que a maioria dos cristãos são mais facilmente convencidos através de demonstrações simples do que com análises científicas sobre o Desenvolvimento Natural da Igreja.

Encomendei um "barril mínimo", desenhado na página seguinte, para ser usado em meus seminários. Um barril com aduelas de diferentes tamanhos. Quando ministro o seminário em uma igreja onde já elaboramos antecipadamente o perfil do DNI, escrevo os nomes das oito marcas de qualidade nas oito aduelas de acordo com o grau de desenvolvimento de cada um dos oito aspectos nessa igreja. Ou seja, na aduela mais curta escrevo o nome do fator mínimo (por exemplo, "estruturas") e na aduela mais longa o nome do fator máximo (por exemplo, "espiritualidade").

A importância espiritual do fator mínimo

Em seguida, começo a derramar água no barril até que ele transborde. Enquanto eu continuo derramando água no barril e ela começa a molhar o tapete ou já chega aos pés dos participantes da primeira fila, pergunto a todos o que eu deveria fazer. Alguns então, entre eles geralmente o administrador, pedem que eu pare de derramar água imediatamente. Com muita naturalidade nego-me a parar, pois, nessa ilustração, a água que cai do céu no barril representa as torrentes das bênçãos de Deus. E é claro que não queremos pedir a Deus que pare de nos abençoar somente porque nossa igreja tem problemas em "reter a água".

Outros, então, sugerem que devemos orar mais. A isso eu respondo que, de fato, considero a oração como um dos fatores mais importantes e imprescindíveis para o crescimento da igreja. Então eu aumento a maior das aduelas, a da "espiritualidade contagiante" em 10 centímetros. E todos veem que essa medida, em si tão nobre, não resolve o problema. A água continua escorrendo pelo chão.

Não demora muito e alguém sugere que eu aumente a aduela do fator mínimo. E eis que, ao aumentar essa aduela em só alguns centímetros, cabe mais água no barril!

Uso essa ilustração com um objetivo bem definido: os aspectos estatísticos e matemáticos, e com certeza também espirituais, que estão por trás da estratégia do fator mínimo, são combinações muito complexas de fatores. Não conseguiremos motivar pessoas a se engajarem nessa forma de trabalho a não ser com a ajuda de figuras bem convincentes.

O fator mínimo

Capítulo 2: O fator mínimo

A aduela mais curta define quanta água vai caber no barril

→ "Participantes do culto"

→ "O fator mínimo"

→ "Marcas de qualidade"

Nesta figura do barril mínimo, as aduelas representam a qualidade da igreja e a água, a quantidade. Isto ilustra claramente a importância do fator mínimo para o desenvolvimento da igreja.

A ação de Deus e a ação humana

Com base nesse tipo de analogia é possível demonstrar vividamente o que de fato é importante no desenvolvimento da igreja. O barril constituído de oito aduelas (= marcas de qualidade) representa aquilo que nós podemos e devemos "construir" de acordo com o plano de Deus. Mesmo assim, não conseguiremos produzir o derramamento de água (= pessoas novas sendo ganhas) para dentro barril, por melhores que sejam os nossos esforços e trabalho na qualidade do barril. Se Deus não fizer "chover", o melhor barril se torna inútil.

Por outro lado, se e quando Deus derramar a água - e algumas evidências teológicas mostram que Deus gosta muito de fazer isso - então a qualidade do barril (= igreja) é fundamental. É ela que vai definir se a água vai caber no barril.

A limitação das ilustrações

É evidente que no uso de ilustrações, como também nas parábolas bíblicas, não podemos confundir a realidade dos fatos com os elementos figurativos. Cada comparação tem os seus limites e a sua interpretação não pode ser forçada. Mas, enquanto estivermos conscientes dessas limitações, esse tipo de demonstração pode ser uma ajuda pedagógica significativa. As limitações ilustram, de forma palpável, elementos fundamentais do Desenvolvimento Natural da Igreja, ou seja, o relacionamento entre a ação de Deus e a ação humana, da qualidade e da quantidade, do trabalho no desenvolvimento de todos os oito fatores e de esforços especiais no fator mínimo.

Capítulo 2: O fator mínimo
Ilustrações da agricultura

Com a descoberta, por Liebig, da "adubação orientada para o mínimo", a produtividade agrícola pôde experimentar um crescimento surpreendente.

A estratégia do fator mínimo, como também a maior parte dos fatores do Desenvolvimento Natural da Igreja, tem o seu exemplo na biologia. É baseada em descobertas sobre o uso de fertilizantes há cerca de 150 anos por Justus von Liebig, um biólogo e químico.

Liebig descobriu que uma planta precisa de quatro elementos básicos para o crescimento: nitrogênio, potássio, cálcio e ácido fosfórico. Se os quatro elementos estão presentes na terra na medida necessária, o crescimento acontece automaticamente. No entanto, o desenvolvimento cessa quando um dos minerais é suprimido (veja quadro 1). Se a falta for resolvida, ou seja, se pela adubação aquele elemento for reposto, a planta continua a crescer, até que uma nova falta faça o crescimento cessar novamente (quadro 2).

Se nesse ponto a adubação for feita com ácido fosfórico, porque anteriormente tinha sido tão bem sucedida, a falta anterior se torna em sobra (quadro 3). A sobra de ácido fosfórico torna o solo muito ácido e assim o envenena. Quanto mais o agricultor tenta corrigir o solo aplicando mais ácido fosfórico, mais diminui a produção e aumenta o envenenamento do solo e do ambiente todo. Se, no entanto, a adubação se concentrar na real falta (quadro 4), o crescimento pode ser retomado.

Com a adubação orientada para o mínimo, a suposta "lei natural da produtividade decrescente" foi quebrada e houve o crescimento surpreendente da produtividade agrícola, e isso sem que os agricultores seguidores desse método tivessem que investir mais esforços!

Porque experiências não são transferíveis

A aplicação dessa lei natural para a igreja pode explicar de forma simples um fenômeno muito frequente nas igrejas: um pastor de uma igreja (agricultor) preocupado em fazer quase que exatamente o que o pastor de uma igreja vizinha está fazendo para que a sua igreja cresça. No entanto, ele percebe que não acontece praticamente nada na sua igreja enquanto a igreja do colega cresce de forma explosiva. O colega, então, tenta mostrar ao nosso pastor que ele deveria desenvolver o aspecto "evangelismo", assim como ele já tem feito há um bom tempo em sua igreja. O nosso amigo pastor segue o conselho tão bem intencionado do seu colega e a situação piora ainda mais.

O procedimento do pastor bem sucedido é parecido com o do agricultor que descobriu que a adubação só com ácido fosfórico fez dobrar a sua produção e, com base nisso, divulgou esse elemento como a solução para todos os problemas. Ele não percebe que o elemento que trouxe solução para o seu problema pode ser até contraproducente em outra situação, e talvez amanhã até mesmo na sua situação!

**Capítulo 2:
O fator mínimo**

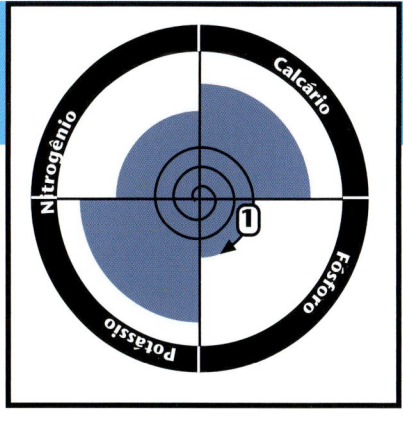

Diagrama 1: apesar de três dos quatro nutrientes vitais (potássio, nitrogênio, calcário) estarem disponíveis em quantidades adequadas, o desenvolvimento da planta é limitado pela ausência do fósforo.

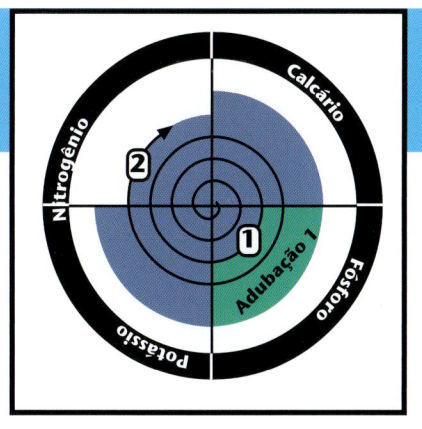

Diagrama 2: depois de feita a adubação com ácido fosfórico, para a reposição de fósforo, o crescimento continua até que seja limitado pela falta de nitrogênio.

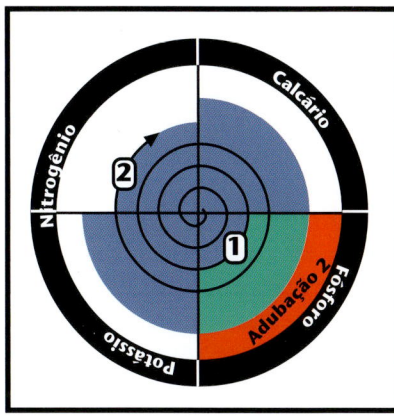

Diagrama 3: caso o agricultor venha a agir conforme suas experiências anteriores e fertilizar com ácido fosfórico (um procedimento que se revelou eficaz no passado), a adubação não terá nenhum efeito ou irá se revelar prejudicial, já que um excesso de fósforo pode tornar o solo excessivamente ácido. O crescimento das plantas é limitado neste caso por falta de nitrogênio.

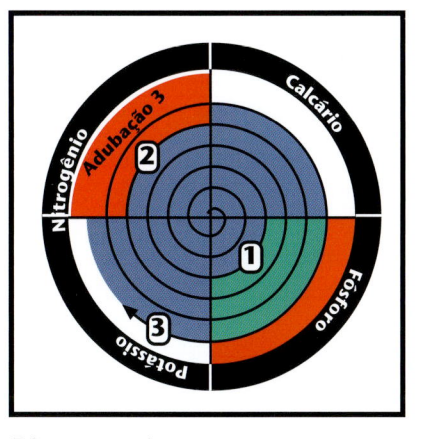

Diagrama 4: se, no entanto, o adubo for aplicado especificamente sobre o novo fator mínimo, dois efeitos podem acontecer. Em primeiro lugar, o crescimento continua, e em segundo lugar, o solo, que foi acidificado com ácido fosfórico em excesso, é automaticamente descontaminado.

Capítulo 2: O fator mínimo

Fator mínimo ou fator máximo?

A estratégia do fator mínimo não nos ensina que deveríamos nos concentrar sempre sobre aquilo que está mais errado na igreja.

Nos últimos anos percebi que muitos cristãos acharam que entenderam a estratégia do fator mínimo tão bem, que começaram a aplicá-la como um modelo geral de comportamento para todas as áreas da vida. Em muitas igrejas surgiu até o lema: "Vamos nos concentrar especialmente naquelas coisas que não fazemos bem". É evidente que esse tipo de filosofia vai levar à frustração!

A estratégia do fator mínimo não nos ensina, de forma alguma, que deveríamos nos concentrar sempre sobre aquilo que está mais errado na igreja. Esse mal-entendido só surge quando separamos as leis demonstradas com o barril mínimo do Desenvolvimento Natural da Igreja. Há áreas em que é fundamental que vivamos e continuemos investindo nos pontos fortes da igreja (por exemplo, a área "ministérios orientados pelos dons"). Há outras áreas em que vamos focar a nossa atenção nos pontos fracos (por exemplo, se há dificuldade com os frutos do Espírito em Gálatas 5.22). Portanto: "Vamos concentrar os nossos esforços nos pontos fortes ou nos pontos fracos?", não é a pergunta correta.

Por que o trabalho nos pontos fortes nem sempre funciona

O que isso significa para a igreja como um todo? Enquanto o foco estiver em elementos não essenciais do ministério devemos trabalhar ainda mais nos pontos fortes e não nos preocuparmos somente com os pontos fracos. Por exemplo, se um dos pontos fortes de uma igreja é o seu culto com órgão bem preparado, liturgicamente quase uma obra de arte, então ela deve desenvolver ainda mais esse ponto forte e usá-lo como ferramenta para alcançar outros objetivos. Nesse sentido a igreja pode convidar intencionalmente pessoas interessadas pela cultura local, em vez de acrescentar à música do órgão a bateria e as palmas no louvor. Isso vale para todas as áreas do trabalho de igreja em que não estiverem em jogo elementos fundamentais da edificação de igreja (nem música de órgão, nem de bateria são elementos fundamentais para o desenvolvimento da igreja).

Mas quando se trata de características vitais de uma igreja - as oito marcas de qualidade estão nessa categoria - não podemos mais ignorar as deficiências. Ou seja, enquanto uma – mesmo que só uma – das oito marcas de qualidade da igreja estiver faltando ou estiver muito fraca, por exemplo, "estruturas eficazes", não adiantará concentrar os nossos esforços em outra área, como por exemplo "espiritualidade contagiante", pois o crescimento não está sendo bloqueado por deficiências na espiritualidade, mas por estruturas

Pontos fortes e pontos fracos

Capítulo 2: O fator mínimo

Os pontos fortes ajudam a trabalhar nos pontos fracos

Área	Valor
Liderança	58
Ministérios	68
Espiritualidade	63
Estruturas	55
Culto	50
Grupos	48
Evangelização	44
Relacionamentos	63

Se o ponto mais forte, for por exemplo, "ministérios orientados pelos dons", e o fator mínimo for o "evangelização orientada para as necessidades", então esta igreja deveria utilizar os dons identificados para continuar o ministério de evangelização.

ineficazes para o funcionamento da igreja. Primeiro precisamos nos esforçar para que o organismo seja curado para depois dedicarmos os nossos esforços ao desenvolvimento dos pontos positivos.

A prática tem mostrado que os melhores resultados são alcançados com a combinação dos dois fatores. Ou seja, precisamos usar os pontos fortes da igreja para trabalhar com o ponto mais fraco. Se em uma igreja, como exemplificado no quadro acima, o ponto mais forte são os "ministérios orientados pelos dons" e o mais fraco o "evangelismo orientado para as necessidades", não vamos lançar a campanha "Dons não importam mais, de agora em diante vamos nos concentrar somente no evangelismo". Seria uma estratégia com resultados muito negativos.

Use os pontos fortes para trabalhar com o fator mínimo!

Seria muito melhor dizer: "De agora em diante vamos usar melhor os dons que Deus deu para cada um de nós para assim cumprirmos a Grande Comissão". Este é o tipo de abordagem que caracteriza a estratégia de Desenvolvimento Natural da Igreja como um todo. Nós não pressionamos uma igreja em um programa pré-determinado. Em vez disso, tomamos o que Deus já deu para a igreja e perguntamos: "Como é que podemos melhor usar isso para sua glória e para o crescimento de sua igreja?"

Capítulo 2: O fator mínimo
Como utilizar seus pontos fortes

Isolar o fator mínimo de uma igreja pode, às vezes, despertar temores. Para dar um tom mais positivo, adote como estratégia começar pelos pontos fortes.

Temos observado que a estratégia mínima, em geral, é vista como algo depreciativo, isto é, como aquilo que não fazemos bem. No entanto, o Desenvolvimento Natural da Igreja tem uma abordagem completamente diferente. Seu lema é: "Encontre seus pontos fortes, desenvolva-os, aprecie-os e utilize-os. Para quê? A fim de fazer progressos em seu fator mínimo".

Mas, afinal, quais são os pontos fortes da sua igreja? Tentando responder a esta pergunta, tente enquadrar-se nos quatro aspectos seguintes:

1. Suas marcas de qualidade mais fortes (fatores máximos). Não importa o que eles podem ser, se "liderança" ou "evangelismo" ou qualquer outra coisa, você deve se fazer esta pergunta: Como é que essas forças podem ser utilizadas mais eficazmente para trabalhar em nossos pontos fracos? Esta pergunta tem provado ser muito criativa, porque começa com o que Deus tem usado no passado e com que a igreja já está acostumada. Isolar o fator mínimo de uma igreja pode, às vezes, despertar temores. Para dar um tom mais positivo, adote como estratégia começar pelos pontos fortes.

2. Sua cultura espiritual. Cada igreja tem desenvolvido o seu próprio estilo de viver a fé em Jesus Cristo. Não há nada de errado com isso, uma vez que estamos lidando com culturas espirituais, e não com incredulidade teologicamente disfarçada. A maneira única como uma igreja expressa sua devoção a Cristo deve sempre ser valorizada como uma força. É por causa de nossas diferenças na expressão da nossa espiritualidade que podemos ter a expectativa de atrair pessoas que nunca poderiam ser alcançadas pela "cultura espiritual" de outras igrejas.

3. Fatores contextuais. Cada igreja possui características inerentes, não por escolha mas por causa de fatores contextuais, como a localização (urbana ou rural), a posição social da população ou as instalações disponíveis para o ministério. Nenhuma outra igreja no mundo inteiro tem exatamente o mesmo contexto que a sua!

4. Dons espirituais. A maior força de cada igreja é o tesouro dos dons espirituais que Deus já deu para os membros. Não estou me referindo aqui à marca de qualidade "ministério orientado pelos dons". Mesmo que essa marca de qualidade seja pouco desenvolvida em sua igreja, você pode ter certeza de que todos os dons que Deus tem dado para o cumprimento da Grande

Capítulo 2: O fator mínimo

Pontos fortes	➡	**Fatores mínimos**
por exemplo:		*por exemplo:*
• Fatores máximos		• Ministério
• Cultura espiritual		• Estruturas
• Fatores contextuais		• Grupos pequenos
• Dons espirituais		• Relacionamentos

O lema do Desenvolvimento Natural da Igreja: "Use os pontos fortes para trabalhar nos fatores mínimos da igreja".

Comissão já estão presentes entre o seu povo. Eles só precisam ser descobertos. Qualquer pessoa que esteja cética sobre a relevância do "crescimento por si mesmo" deveria estudar o ensinamento bíblico sobre os dons espirituais. Não podemos "distribuir" dons por nós mesmos, mas certamente podemos liberar o que Deus já distribuiu aos cristãos. Quanto mais nos aproximarmos do plano de Deus, mais iremos experimentar a "auto-organização" em muitas áreas da vida da igreja.

Resultados em todas as áreas

Não importa em qual marca de qualidade estejamos trabalhando, o conceito de dons espirituais é fundamental. O que a "capacitação de líderes" deveria fazer, senão auxiliar os cristãos a liberar o potencial que Deus investiu neles? Como pode o "ministério orientado pelos dons" funcionar se os cristãos não estão cientes de seus dons espirituais? Como pode a "espiritualidade contagiante" fluir, quando muitos estão frustrados por sempre servir a Deus em atividades nas quais não se encaixam? O que são "estruturas eficazes" senão os meios para combinar os dons dados por Deus com as tarefas correspondentes? Como pode um culto ser mais "inspirador" do que quando os cristãos participam com todos os tipos de dons? Como os grupos pequenos se tornam "integrais", se não for com os cristãos servindo uns aos outros com os dons que Deus lhes deu? Como pode a evangelização orientada para as necessidades ocupar seu espaço se a igreja ainda não sabe quem tem o dom de evangelizar? Finalmente, como podemos, honestamente, falar sobre "relacionamentos marcados pelo amor fraternal" se não formos capazes de ajudar os membros da igreja a encontrar o lugar que Deus lhes tem preparado no Corpo de Cristo? Todas as alternativas que tenho encontrado até o momento para a abordagem orientada pelos dons não eram exatamente distintas por atitudes de amor.

Capítulo 2: O fator mínimo
Cuidado com "igrejas-modelo"

Quando alguém fala sobre suas experiências pessoais, retratando-as como princípios universalmente aplicáveis, um alarme deveria soar.

Percebemos nos últimos parágrafos como é discutível tentar aplicar as experiências bem sucedidas de uma igreja para todas as outras. Assim como a adubação com ácido fosfórico, por mais importante que esse mineral seja para as plantas, não resolve todos os problemas da agricultura, tampouco cada uma das oito marcas de qualidade pode resolver, por si, os problemas de uma igreja. Em outras palavras, nem a "liderança capacitadora", ou os "ministérios orientados pelos dons", ou a "espiritualidade contagiante" nem outro fator qualquer pode ser considerado "a chave" para o crescimento da igreja. Se uma igreja descobrir que, na sua situação específica, a melhoria em um desses fatores é "a chave" para a solução - e isso acontece de fato em muitas igrejas –, então é altamente provável que tenham identificado intuitivamente seu fator mínimo.. Não há absolutamente nenhuma indicação de que uma ênfase nessa área traria os mesmos resultados em outra igreja.

Não é possível provar coisa alguma com experiências

Enfatizo tanto esse fato porque muito do que se escreve hoje sobre o crescimento da igreja segue o lema, "ácido fosfórico é a solução para a agricultura do mundo todo". Pastores que descobrem, no seu ministério, a importância de um dos oito fatores, começam a propagar e vender esse aspecto como solução para todos os problemas. Mas sempre que partes são promovidas como sendo o todo, estamos a um passo da ideologia. Se a nossa pesquisa conseguiu demonstrar pelo menos uma coisa, foi o fato de que é impossível reduzir o desenvolvimento de uma igreja a um aspecto apenas.

Devemos ter cuidado em simpatizar com alguém quando defende as suas teses somente com as suas experiências pessoais. Mesmo que seja possível ilustrar muitas verdades com experiências pessoais, elas não necessariamente provam alguma coisa.

A diferença entre "ilustrações" e "provas"

Então, que papel têm relatos de experiências pessoais? Com certeza eles têm grande importância. Mesmo que não possamos provar nada com as experiências, podemos ilustrar verdades com elas. Aqui podemos partir do fato de que para a maioria das pessoas as ilustrações têm um poder psicológico de convencimento muito maior do que os melhores argumentos científicos. Psicologicamente falando, para muitas pessoas a ilustração palpável transforma-se em elemento concreto de persuasão.

	Descrição	Objetivo	Procedimento errado	Procedimento correto
Testemunho	Relato de experiências pessoais que, frequentemente, afirma o contrário do que acontece via de regra.	Pessoas devem ser incentivadas com o poder de Deus.	"Eu preciso experimentar o mesmo que essa pessoa ou igreja experimentou."	"Que experiência maravilhosa essa igreja teve! Vamos ver o que Deus tem para nós."
Modelo	Experiências de uma igreja são apresentadas de tal forma que podemos identificar estruturas que podem ser reproduzidas.	Pessoas devem ser motivadas por exemplos reais, para fazerem algo similar elas mesmas.	"Se eu quiser ter o mesmo sucesso, preciso imitar exatamente a igreja-modelo."	"Posso imitar a igreja-modelo por um tempo para descobrir os princípios universais que funcionem para mim."
Princípio	A essência tirada de centenas de modelos; o critério mais importante é a aplicabilidade universal.	Igrejas devem conhecer e aplicar as leis de crescimento, que são fundamentais para qualquer forma de desenvolvimento de igreja.	"Esses princípios são apenas uma possibilidade, dentre muitas, para se edificar a igreja de Cristo."	"Eu tento aplicar esses princípios para a minha situação individual."
Programa	Aplicação de princípios universais a uma ou mais situações concretas.	Igrejas devem ser ajudadas com passos práticos, usando experiências positivas de outros como modelo.	"Se um programa funcionou para mim, com certeza será o melhor caminho para outras igrejas também."	"Eu escolho um programa baseado em princípios universais que se adapte à minha situação, ou desenvolvo um programa eu mesmo.

Em meu trabalho, utilizo essa lei da pedagogia ao investir tudo que posso para ter certeza de que os princípios em relação ao tema edificação de igreja podem ser comprovados universalmente. Mas se a questão é transmitir essas teses a participantes de um seminário, reluto em me referir aos resultados da nossa pesquisa. O que faço é usar anedotas, histórias, figuras e experiências pessoais. A ilustração prática do barril mínimo, que relatei na página 52, não demonstra coisa alguma, a não ser o fato de que cada balde tem uma capacidade máxima de água. Mas a ilustração é uma ferramenta muito útil para mostrar de forma impactante aquilo que,

Diferenças entre testemunhos, modelos, princípios e programas. Cada um tem seu valor, mas não devem ser confundidos um com o outro.

Capítulo 2: O fator mínimo

com tanto esforço, foi provado antes. Porém, nós jamais deveríamos fazer confusão entre figuras e anedotas psicologicamente convincentes e afirmações comprováveis. É aqui que a confusão enorme entre "testemunhos", "modelos", "princípios" e "programas" (veja a tabela na página anterior) tem a sua origem.

"Façam como nós!"

A confusão entre "experiências pessoais" e "princípios universais" acontece especialmente nos casos em que uma igreja bem sucedida é honrada pelas outras – e com razão – como uma igreja-modelo. Muito do que ouvimos dessa igreja em relação à edificação de igreja é impressionante. Outras coisas, no entanto, que são apregoadas como princípios universais, não podem ser comprovadas como tais. Para a maioria dos ouvintes, o tamanho da igreja já é "prova" suficiente de que as teses estão corretas e são válidas para outras igrejas.

Quando alguém fala sobre suas experiências pessoais, retratando-as como princípios universalmente aplicáveis, um alarme deveria soar. A declaração "o que funcionou para mim, vai funcionar para você também" é absurda!

O significado de igrejas-modelo

Não quero, com isso, dizer que não podemos aprender coisa alguma de igrejas-modelo. Não há praticamente nada que possa quebrar a rotina de uma igreja de forma tão salutar quanto o encontro com uma igreja viva, dinâmica e em crescimento. Só estou tentando aumentar a sensibilidade dos meus leitores para o fato de que nem tudo que os representantes dessas igrejas querem nos vender como cura para todos os males – muitas vezes com muita convicção – tenha que ser o remédio certo para a nossa situação.

Capítulo 3

Seis forças de crescimento

A chave para cada uma das oito marcas de qualidade é o que nós definimos por "crescimento por si mesmo". Para que isso não seja apenas uma bela teoria, é necessário perguntar: "Como isso funciona? O que nós podemos fazer para que as forças de crescimento com que Deus capacitou a sua igreja tenham mais liberdade de ação do que tiveram até agora?". Se seguirmos o conselho bíblico de aprendermos com a natureza, para entendermos melhor as leis do reino de Deus, encontraremos uma série de princípios válidos que governam toda a vida – incluindo o "organismo" igreja.

Capítulo 3: 6 forças de crescimento

Tecnocrático ou natural?

Muito do que foi publicado sobre o tema crescimento da igreja está mais próximo de um "robô" do que do modelo de um "organismo".

Por que o modelo do "robô" não é adequado

A abordagem tecnocrática: o modelo é um "robô". Desde o início, todas as peças estão em sua forma final e simplesmente são montadas de acordo com um processo pré-determinado. Todos os produtos finais são idênticos e fazem exatamente o que foram programados para fazer.

O melhor símbolo para o que nesse livro repetidas vezes chamamos de "pensamento tecnocrático", e também o criticamos, me parece ser o robô (veja quadros ao lado). Quanto mais uma igreja se orientar por esse modelo, tanto mais distante ela fica do Desenvolvimento Natural da Igreja. A abordagem natural segue leis totalmente diferentes da lógica robótica. Ele segue as leis dos seres vivos (veja quadros na página seguinte). É fácil observar que muito do que foi publicado sobre o tema crescimento de igreja nos últimos anos está mais próximo de um "robô" do que do modelo do "organismo".

Com essas observações, não estou querendo afirmar, de forma alguma, que as leis que deduzirmos da invenção e construção de robôs não funcionam. Elas funcionam muito bem no mundo tecnológico, das máquinas e computadores. Mas elas não funcionam assim que estivermos lidando com o mundo natural, ou seja, com seres vivos. Trata-se de dois mundos totalmente diferentes e é frustrante querer aplicar os métodos descobertos e desenvolvidos em um mundo, em outro.

Ninguém pensaria em semear robôs e esperar que de alguma forma germinassem. Não é possível plantar, regar e colher robôs. Não podemos lhes dar leite para fortalecê-los, não podemos colocá-los debaixo do chuveiro frio para estimular o seu sistema imunológico. As leis do crescimento orgânico simplesmente não valem no mundo tecnológico. De modo inverso, tampouco as leis do mundo da robótica valem para o mundo dos seres vivos. É inútil esperar ajuda desse campo para o crescimento de igreja.

Fotos 1-9 de: Frederic Vester, Unsere Welt – ein vernetztes System
© Deutscher Taschenbuch Verlag, Munich

Capítulo 3:
6 forças de crescimento

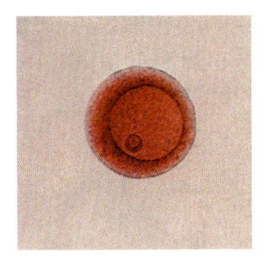

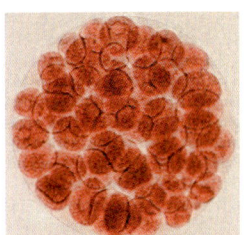

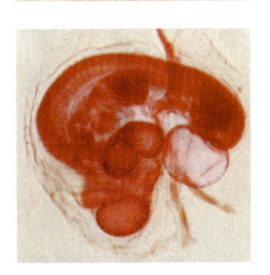

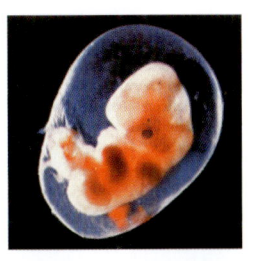

O modelo tecnocrático de crescimento de igreja está para o Desenvolvimento Natural da Igreja, assim como o robô está para um ser humano, assim como a boneca para uma criança de verdade, como uma flor de plástico para uma rosa perfumada. Existe certa semelhança, mas nada mais do que isso. Assim, também nos quadros ao lado, só existe uma similaridade que relaciona as duas colunas.

O maior problema do modelo tecnocrático é que aí não se sabe nada sobre os processos automáticos de crescimento. Nenhuma máquina, mesmo o robô mais avançado, pode se reproduzir. O que chamamos de "princípio do por si mesmo", e que pode ser observado e estudado em todos os processos naturais de crescimento, é totalmente desconhecido no mundo tecnológico. Mas essa é a chave para a compreensão de processos orgânicos e especialmente para a compreensão do organismo "igreja".

Por essa razão, quero descrever nesta parte do livro alguns princípios que são típicos da criação de Deus. Por mais diferentes que sejam, uma coisa eles têm em comum: cada princípio funciona de tal forma que com um gasto mínimo de energia se consegue um efeito muito grande.

Esse emprego tão eficaz de energia é uma das constatações mais interessantes que podemos fazer nos sistemas autosustentáveis criados por Deus. Enquanto no mundo da tecnologia muita energia é empregada para se colocar uma máquina em movimento, na natureza isso acontece "por si mesmo".

Cegos para o "princípio por si mesmo"

A abordagem natural: o modelo é um organismo vivo. As partes não são peças pré-fabricadas. Uma única célula começa a se dividir, no início rapidamente, depois mais lentamente. Desta forma, um organismo complexo começa a se desenvolver. O resultado deste processo é um indivíduo com uma identidade distinta.

Capítulo 3:
6 forças de crescimento

Por que a tecnocracia não funciona

Esforços tecnocráticos levam muitas vezes a resultados contrários aos almejados.

Não deveríamos acusar cristãos que tendem a pensar de acordo com o paradigma tecnocrático, de não terem a motivação correta. Proteger a igreja de Jesus é uma motivação mais do que legítima. A nossa crítica não está voltada contra a *motivação*, mas contra os *métodos* usados para alcançar os objetivos.

Talvez seja útil ilustrar os curto-circuitos do modelo tecnocrático com um exemplo não familiar ao contexto da igreja que vem do manejo da vida selvagem. Para proteger os elefantes de um determinado país africano o governo autorizou a criação de uma reserva especial para esses animais. O resultado de sucesso total não tardou a aparecer. A população de elefantes, geralmente mantida em um nível baixo por causa de inimigos naturais e doenças, agora pôde se reproduzir ilimitadamente. Por um bom tempo a oferta de plantas para a alimentação foi suficiente. No entanto, à medida que a manada crescia, as plantas iam desaparecendo e assim que o número crítico de elefantes foi alcançado, a última acácia foi comida e as condições mudaram subitamente. Não só cessou a reprodução, mas aconteceu algo muito pior: toda a manada morreu de uma só vez! A medida que deveria ter contribuído para a proteção dos animais – e que a curto prazo surtiu o efeito desejado – ocasionou a extinção da manada a médio prazo (veja quadro).

A essência da lógica tecnocrática

A lógica dos "protetores de elefantes" (que acabou por matá-los) é típica do modelo tecnocrático. É a mesma lógica que nutre a ilusão de que mais sinais de trânsito levam a maior segurança no trânsito, ou que armas mais modernas conduzem a paz mais duradoura, leis mais severas a menos crimes, antibióticos mais fortes a saúde melhor, mais ajuda na ação social geram menos pobreza ou ainda que mais adubos produzem colheitas melhores. Nós sabemos hoje – pelo menos deveríamos saber – que essa lógica tecnológica do "input-output" (entrada de dados para saída automática de resultados) não funciona em incontáveis situações. Por mais certas que algumas medidas sejam em determinadas situações (exceções), sempre correm o risco de destruir aquilo que deveriam proteger. Por exemplo, a obsessão pela quantidade de sinais de trânsito limita a visão e a flexibilidade do motorista, tão importantes para a segurança no trânsito. No caso das armas, elas podem tornar-se a causa de novos conflitos; a severidade das leis tende a levar ao pensamento legalista entre a população;

Capítulo 3:
6 forças de crescimento

os antibióticos podem enfraquecer o sistema imunológico; a ação social prejudica a motivação pessoal; o adubador envenena o solo.

Esses tipos de esforços alcançam, muitas vezes, o efeito contrário a longo prazo. E o resultado é exatamente o oposto do que se imaginava. A causa disso está na forma linear do pensamento tecnocrático. Na Parte 4 vamos detalhar isso um pouco mais ("De A para B"). Tecnocratas são cegos para as consequências retroativas que o objetivo alcançado no ponto B tem sobre o ponto A. No entanto, a compreensão para esse tipo de mecanismo de realimentação é fundamental em todos os processos naturais. Nas próximas páginas vamos voltar ao assunto repetidas vezes.

Cegos para a realimentação

O mesmo erro tão bem ilustrado pelo exemplo dos elefantes "protegidos até a morte" ocorre milhares de vezes nas nossas igrejas. Apenas um exemplo bem corriqueiro: um obreiro com dons específicos deixa a sua função e a liderança da igreja procura um substituto. Já que não se acha outro irmão com dons nessa área, decide-se por preencher a função com uma pessoa que esteja disposta a fazer o trabalho depois de muita conversa sobre "alguém precisa fazer isso". A curto prazo, o resultado parece ser muito bom; o trabalho continua, o novo obreiro sente-se honrado pelo pedido, todos estão satisfeitos – pelo menos no começo.

As consequências de decisões tecnocráticas

No entanto, a longo prazo, a coisa tem outro aspecto: o novo obreiro acostuma-se ao fato de que é aparentemente normal aceitar uma tarefa, mesmo sem ter os dons adequados para a função. Ele interpreta a frustração que vem disso como "sofrer por Jesus", enquanto todos em volta elogiam o seu senso de responsabilidade por ele estar preenchendo a lacuna. Um modelo errado de pensamento instala-se na igreja. Outros membros da igreja, que possivelmente tenham os dons necessários para essa tarefa, perdem a vontade de aceitar essa responsabilidade, pois ninguém vai querer "derrubar" esse servo tão dedicado do Senhor que está ocupando a função.

O exemplo acima pode parece banal, mas não é. É o resultado final de uma sequência de decisões tecnocráticas que, passo a passo, levam a uma anulação do princípio do "por si mesmo" de uma igreja. Boas intenções e esforços humanos cada vez mais suplantam o que Deus quer fazer.

Energia humana em vez de força divina

Os seis princípios, que são apresentados em seguida, são a tentativa de relacionar as leis que governam a criação de Deus para os nossos esforços na edificação da igreja.

Capítulo 3:
6 forças de crescimento

Primeiro princípio: Interdependência

A primeira das seis forças de crescimento do desenvolvimento natural, cuja importância para a edificação da igreja será analisada, é o princípio da interdependência. Um dos grandes milagres de Deus na criação consiste no fato de que todos os elementos — desde os microorganismos até as estrelas — estão relacionados e são interdependentes de uma forma tão sábia que o ser humano não consegue compreender. Todos esses elementos também se influenciam e se regulam mutuamente. O princípio da interdependência na natureza declara que a maneira como as partes são integradas como um todo é mais importante do que cada parte.

> *Quando uma igreja trabalha em uma das oito marcas de qualidade, não só aumenta o índice de qualidade nessa área, mas aumentam os índices em todas as oito áreas.*

Esse princípio é fundamental para qualquer forma de desenvolvimento de igreja, esteja ela consciente disso ou não. A igreja é um organismo muito complexo, no qual todos os segmentos estão inter-relacionados de acordo com o plano de Deus. É impossível entender um elemento corretamente (por exemplo, uma das "oito marcas de qualidade" ou um evento da igreja ou um tipo de expressão da espiritualidade), enquanto não entendermos a relação desse elemento com o todo. Se eu influencio apenas um elemento, isso tem consequências sobre todos os outros, o que é incompreensível para o modo linear de pensamento.

Uma causa, centenas de efeitos

Nossas pesquisas sobre as igrejas nos proporcionaram estudar, de forma bem realista, como esse princípio funciona na prática. Como resultado, estamos em condições de calcular o índice de qualidade para cada uma das oito marcas de qualidade na igreja que desejar essa análise. Nas igrejas em que analisamos o índice de qualidade repetidas vezes, pudemos verificar algo interessante: quando a igreja trabalha em uma das oito marcas de qualidade, não só aumenta o índice nessa área, mas aumentam os índices em todas as oito áreas! Os esforços empregados no aspecto "ministérios orientados pelos dons", por exemplo, têm consequências sobre os outros aspectos, incluindo "liderança", "espiritualidade", "estruturas" e "relacionamentos". E essas consequências podem ser tanto positivas quanto negativas!

Pensamento interdependente — estruturas interdependentes

O pensamento interdependente precisa resultar em estruturas de igreja interdependentes. E, nesse aspecto, nem todo tipo de interdependência é saudável, como vemos no quadro acima, à direita. O que importa é criar uma forma de interdependência capaz de formar um subsistema que, por sua vez, possibilite a multiplicação contínua. É bastante útil, eu creio, sempre voltar aos processos de desenvolvimento tão fascinantes da natureza. Não é em vão que

Capítulo 3:
6 forças de crescimento

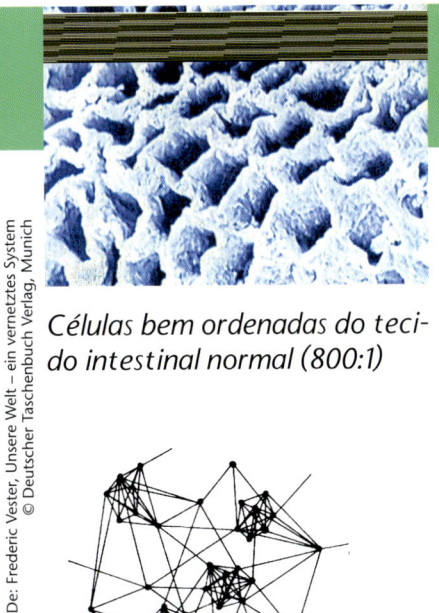

Células bem ordenadas do tecido intestinal normal (800:1)

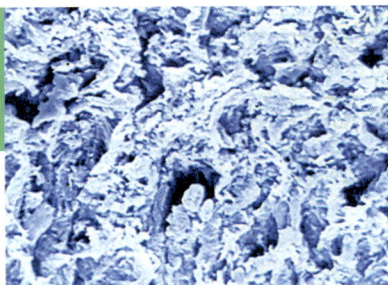

Destruição da estrutura do tecido intestinal pelo câncer de crescimento rápido (800:1)

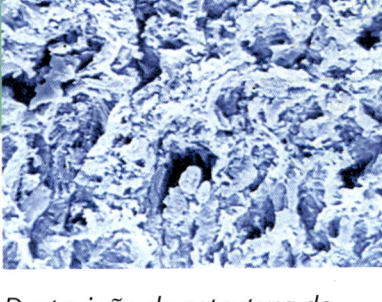

Estas ilustrações deixam claro que nem todo tipo de crescimento é positivo (veja o crescimento canceroso na imagem ao lado). Uma característica de um crescimento saudável é a "interdependência estruturada" (à esquerda), na qual se distinguem sub-sistemas claramente bem ordenados.

Interdependência estruturada

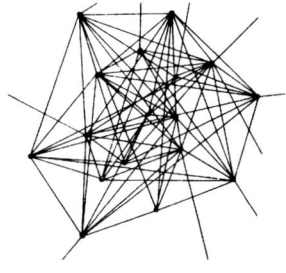

Interdependência desestruturada

na Bíblia se fala tanto deles. Com certeza, são melhores na busca por soluções do que os livros de administração de empresas, que são caracterizados demais pelo pensamento tecnocrático.

É verdade que o termo "interdependência" não está na Bíblia, assim como a maioria dos termos usados no Desenvolvimento Natural da Igreja também não estão. No entanto, os fatos que estão por trás, estão muito próximos do que a Bíblia chama de "sabedoria". Sabedoria, na Bíblia, significa observar um fenômeno sem isolá-lo de suas relações complexas com o ambiente, e, acima de tudo, não esquecer as leis que Deus, o criador, nos deu. Medido de acordo com esse padrão, todo o produto do modelo tecnocrático pode até ser inteligente, mas certamente não é sábio.

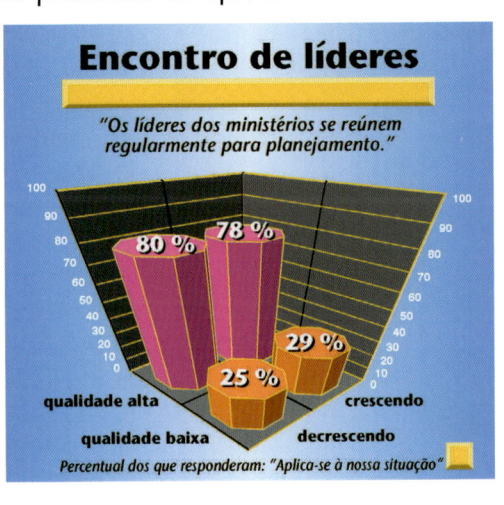

Interdependência e sabedoria bíblica

Um exemplo de "interdependência estruturada" dentro de uma igreja: reuniões regulares das lideranças. A diferença é muito significativa entre igrejas com índice de qualidade alto e aquelas com índice baixo.

Encontro de líderes

"Os líderes dos ministérios se reúnem regularmente para planejamento."

- qualidade alta: 80% crescendo, 29% decrescendo
- qualidade baixa: 78% crescendo, 25% decrescendo

Percentual dos que responderam: "Aplica-se à nossa situação"

Capítulo 3:
6 forças de crescimento

Segundo princípio: Multiplicação

Uma árvore não cresce indefinidamente, mas produz novas árvores, que, por sua vez, também produzirão outras árvores.

Crescimento numérico ilimitado — o sonho de tantos tecnocratas — é contra a natureza. Mais cedo ou mais tarde o crescimento orgânico chega ao seu limite natural. Uma árvore, por exemplo, não cresce indefinidamente, mas produz novas árvores, que, por sua vez, também vão produzir outras árvores. Esse é o princípio natural da "multiplicação", que permeia toda a criação de Deus.

Em nossa pesquisa, a força da aplicação desse princípio ficou evidente tanto no índice de qualidade da igreja quanto no crescimento numérico. Um exemplo entre outros é a multiplicação de grupos pequenos. Perguntamos a todos os cristãos que participaram da nossa pesquisa se o seu grupo pequeno tinha o objetivo de se multiplicar pela divisão. A nossa pergunta não estava direcionada à atitude da igreja como um todo em relação aos grupos, mas se aquele grupo tinha planos próprios de multiplicação. O resultado disso está no quadro abaixo e é esclarecedor. É difícil um aspecto estar em correspondência mais direta tanto com o crescimento qualitativo quanto com o crescimento quantitativo de uma igreja do que a resposta afirmativa a esta pergunta!

O verdadeiro fruto da macieira

O princípio da multiplicação influencia todas as áreas da vida da igreja. Assim como o verdadeiro fruto da macieira não é uma maçã e sim uma nova macieira, assim o verdadeiro fruto de um grupo não é mais um cristão, mas sim mais um grupo; o verdadeiro fruto de uma igreja não é um novo grupo, mas uma nova igreja; o verdadeiro fruto de um líder não é um seguidor, mas um novo líder; o verdadeiro fruto de um evangelista não é um convertido, mas sim um novo evangelista. Sempre que esse princípio é compreendido e aplicado, os resultados são imensos — como pode ser comprovado empiricamente.

A ideia da multiplicação me parece ser, de longe, a razão mais importante para a fundação de novas igrejas, e não, como alguns creem erroneamente, a oposição às igrejas existentes.

Multiplicação da célula

"O objetivo declarado do nosso grupo pequeno é a multiplicação por meio da divisão."

- qualidade alta: 60%
- qualidade baixa: 46%
- crescendo: 31%
- decrescendo: 13%

Percentual dos que responderam: "Aplica-se à nossa situação"

Capítulo 3:
6 forças de crescimento

O princípio de crescimento orgânico tem como singularidade possuir um tempo específico e carregar consigo todos os estágios do crescimento. O organismo não cresce indefinidamente, mas se reproduz, e assim, garante uma forma de "crescimento" que ultrapassa sua própria individualidade.

A igreja simplesmente se perpetua pela multiplicação! Este é um princípio inerente a ela.

Já vimos que, de forma alguma, deveria ser o objetivo de uma igreja transformar-se em megaigreja (veja pág. 46-48). Isso dá valor adicional à questão da multiplicação de igrejas. A defesa da igreja pequena não é, de forma alguma, uma defesa da estagnação da igreja em um nível baixo. Na verdade, é a defesa da multiplicação contínua. O nosso estudo verificou uma correspondência muito positiva entre o índice de qualidade de uma igreja e a quantidade de igrejas que plantou nos últimos cinco anos.

Dificilmente há sinal mais claro da saúde de uma igreja do que a disposição — e a capacidade — de formar novas igrejas. Se invertermos isso, podemos dizer que não há praticamente sintoma mais evidente de um estado clínico preocupante do que estruturas que impedem a multiplicação da igreja, ou a veem como exceção.

O modelo: o ministério de Jesus

Também aqui vale a observação de que, mesmo não achando o termo "multiplicação" na Bíblia, encontramos inúmeras ilustrações de como Deus usa esse princípio. O melhor exemplo para mim é encontrado no ministério de Jesus. Em primeiro lugar, ele investiu a sua vida nos seus doze discípulos, que, por sua vez, receberam a missão de fazer discípulos de mais pessoas, que também fariam novos discípulos. O que é a Grande Comissão senão um chamado à multiplicação contínua?

Multiplicar e morrer

Sempre que processos de multiplicação funcionam, é possível falar, sem receio, de "morte". Por que grupos cristãos e também igrejas inteiras não poderiam morrer depois de certo tempo? Essa ideia não será tão amedrontadora depois que a igreja ou o grupo tiver gerado quatro "filhos", 16 "netos" e 54 "bisnetos". Na criação de Deus vale o princípio: o organismo individual morre, mas a informação genética permanece e se perpetua.

Capítulo 3:
6 forças de crescimento

Terceiro princípio: Transformação de energia

Parece-me que esse é o princípio de desenvolvimento de igreja menos conhecido de todos.

Um dos meios mais usados pela natureza para garantir a sobrevivência de organismos e de sistemas ecológicos inteiros é o que a ecologia chama de "princípio do jiu-jitsu". Forças e energias existentes — mesmo energias hostis — são direcionadas, por meio de movimentos leves e sutis, para o fim desejado. Até a energia destrutiva pode ser transformada em energia construtiva. Em contraste com esse princípio está a mentalidade do boxeador, que primeiro usa a própria força para aniquilar a de seu oponente (ou do ambiente) e depois produz força mais uma vez para alcançar o objetivo desejado.

Podemos estudar o princípio da transformação de energia ao observarmos como o organismo combate um vírus. Os vírus trazem doença, portanto são maus. No entanto, em pequena quantidade, os vírus estimulam o corpo a reagir e assim a fortalecer o sistema imunológico. Esse princípio é utilizado na vacinação. Energias prejudiciais ao corpo são transformadas por meio da imunização em energias positivas para a saúde do corpo.

Como Deus usa esse princípio

Frequentemente, encontramos o princípio da transformação de energia na Bíblia. Um dos exemplos mais conhecidos é a ocasião em que Paulo se refere ao "Deus desconhecido" no Areópago (obviamente um ídolo) e faz disso o ponto de partida para a sua mensagem evangelística (At 17). O fato de Deus ter usado — e continuar usando até hoje — a perseguição dos cristãos (At 8) para a propagação do evangelho é mais uma variante desse princípio. O sangue dos mártires transforma-se em semente do evangelho. Forças "inimigas" são transformadas em forças "santas".

Usando as crises criativamente

A compreensão desse princípio tem consequências muito abrangentes, mesmo na forma com que lidamos com crises e catástrofes. É necessário evitar tanto a entrega ao destino ("Deus quis assim"), como o protesto obstinado ("isso é obra de Satanás"). Melhor é perguntar constantemente: "Como posso usar a situação para que haja benefício para o Reino de Deus?" Esse questionamento é muito criativo e também bíblico. "Sabemos que todas as coisas cooperam para o bem daqueles que amam a Deus" diz a promessa bíblica (Rm 8.28).

Parece-me que esse é o princípio de desenvolvimento de igreja menos conhecido de todos. A sua aplicação persistente, no entanto, poderia modificar igrejas abaladas por crises muito mais do que tantos truques de crescimento de igreja tão difundidos por aí.

Capítulo 3: 6 forças de crescimento

Um surfista é uma boa ilustração do princípio de transformação de energia. Em vez de desperdiçar energia combatendo as ondas (mentalidade do boxeador), ele utiliza a energia das ondas através de manobras habilidosas.

Muitos métodos tecnocráticos no trabalho na igreja, por exemplo, os métodos manipulativos no evangelismo, estão muito próximos da mentalidade de boxeador. Quando a evangelização é orientada para as necessidades das pessoas, isso é bem diferente. Nesse caso, as necessidades dos não cristãos (não somente necessidades espirituais) são levadas a sério e a energia contida nelas é usada para alcançar os objetivos de Deus na vida dessas pessoas.

Igrejas com o índice de qualidade alto sabem instintivamente o valor desse princípio. Um exemplo disso é o envolvimento dos novos convertidos na evangelização (veja o quadro à direita). Muitas igrejas hesitam em engajar os recém-convertidos em esforços evangelísticos, pois ainda são muito imaturos e não sabem tudo e talvez ainda falem algo errado na hora do testemunho. Porém o princípio da transformação de energia vê isso como uma grande oportunidade: os novos convertidos ainda têm muitos contatos com o "mundo", ainda falam a "língua do mundo" e ainda têm padrões de pensamento muito parecidos com os seus amigos não cristãos. Em vez de gritar: "Cuidado! Perigo!", as igrejas que crescem aproveitam essas forças para o crescimento do reino de Deus.

Consequências para o evangelismo

Novos convertidos

"Na nossa igreja damos importância ao envolvimento dos novos convertidos em esforços evangelísticos."

- qualidade alta: 55%
- qualidade baixa: 50%
- crescendo: 38%
- decrescendo: 12%

Percentual dos que responderam: "Aplica-se à nossa situação"

Capítulo 3: 6 forças de crescimento
Quarto princípio: Sustentabilidade

> *Uso múltiplo é a melhor terapia contra a múltipla sobrecarga de inúmeros cristãos.*

O que queremos dizer com o princípio natural dos efeitos múltiplos está ilustrado na imagem. As folhas que caem da árvore não são, de forma alguma, lixo que deve ser eliminado com o uso adicional de energia, como seria feito na lógica tecnocrata. Os microorganismos do solo transformam as folhas em húmus, que, por sua vez, fornecem nutrientes vitais que contribuirão para o crescimento da árvore e para a produção de novas folhas. Esses tipos de ciclos são princípios fundamentais de toda forma de vida. Na medida em que conseguirmos estabelecer processos semelhantes nas nossas igrejas, perceberemos como energias investidas uma vez têm efeitos de uso múltiplo.

Parece-me que esse princípio de uso múltiplo tem sido entendido de forma muito simplista até agora. Com certeza o princípio está relacionado ao uso múltiplo das dependências da igreja ou ao fato de o pastor usar o preparo do sermão também para os grupos de estudo bíblico da igreja. No entanto isso ainda não reflete a verdade central do princípio da sustentabilidade. Como pode ser observado no exemplo da árvore, o ponto central desse princípio consiste no fato de transformarmos os resultados do trabalho na igreja em energia que, ao mesmo tempo, contribui para a manutenção do trabalho.

Sustentabilidade e discipulado

O significado essencial da sustentabilidade é bem ilustrado pelo princípio da co-liderança, que é utilizado muito mais nas igrejas com um alto índice de qualidade do que em outras (diagrama à esquerda). Nessas igrejas os líderes não investem suas energias apenas na liderança, mas também em programas de treinamento para desenvolver novos líderes. Dessa forma, a participação efetiva na liderança fornece a melhor formação para novos líderes. O investimento inicial de energia é utilizado para uso múltiplo e, finalmente, serve para recrutar novos líderes. É esse o modelo que observamos no ministério de Jesus. Ele não tinha programas diferenciados de ministério ao povo, por um lado e discipulado por outro.

O princípio do vice-líder

"Cada líder de grupo ou departamento na igreja tem um vice-líder."

- qualidade alta / crescendo: 53 %
- qualidade alta / decrescendo: 35 %
- qualidade baixa / crescendo: 27 %
- qualidade baixa / decrescendo: 11 %

Percentual dos que responderam: "Aplica-se à nossa situação"

Capítulo 3:
6 forças de crescimento

Na natureza não há desperdício. As folhas que caem de uma árvore se transformam em húmus e fornecem nutrientes que contribuem com o crescimento da árvore da qual caíram.

Ao ministrar ao povo ele treinava os discípulos. Por meio desse treinamento em serviço é possível alcançar uma qualidade de treinamento muito mais elevada e com esforço menor.

Auto-organização financeira

O princípio da sustentabilidade afeta todas as áreas da vida da igreja, inclusive a área financeira. Um exemplo típico da lógica linear do paradigma tecnocrático é o modelo clássico do doador (que, sem dúvida, é justificado em determinadas situações). Alguns doadores (ponto A) apoiam um determinado projeto (ponto B), só que os resultados desse projeto não têm influência alguma sobre o ponto de partida A (portanto, os doadores). Em uma representação gráfica, imaginamos uma seta partindo de A para B. Nesse procedimento o gasto de energia é dobrado: em primeiro lugar, pastorear os doadores, e, em segundo, levar o projeto adiante, ou seja, a energia investida em um estágio do projeto perde-se no outro estágio. Sobrecarga múltipla em vez de uso múltiplo!

Já no modelo cíclico, ao contrário, os beneficiados pelo projeto (ponto B) são levados a contribuir financeiramente para a continuação do projeto. O círculo fecha-se. A energia, que é empregada no desenvolvimento do projeto, também contribui para o sustento financeiro do projeto. E assim se desenvolve uma estrutura financeiramente autossustentada.

Capítulo 3: 6 forças de crescimento
Quinto princípio: Simbiose

É lamentável que para muitos cristãos o ideal de unidade tenha sido intimamente relacionado ao conceito de um sistema monopolista.

Simbiose, de acordo com a definição do "Aurélio", é a "associação de duas plantas ou de uma planta e um animal, na qual ambos os organismos recebem benefícios". Existem dois modelos negativos que contrastam com a simbiose, que são a concorrência e a monocultura. Na concorrência, como na simbiose, há a interação entre espécies diferentes, mas elas não se estimulam. Ao contrário, prejudicam-se. Na monocultura (na economia ou na sociedade em geral falamos de "monopólio") perdeu-se a variedade de espécies. Somente a espécie que sobrou domina o todo. É verdade que isso elimina a concorrência destrutiva, mas também acaba com a interdependência simbiótica tão sadia na convivência entre as espécies.

Toda forma de monocultura é expressão do pensamento tecnocrático. O tecnocrata é cego para os efeitos positivos e estabilizadores de cercas vivas, de faixas de umidade, de variedade horticultural, mesmo em espaços pequenos. Hoje, sabemos que bons resultados na agricultura dependem de uma variedade razoável de espécies. Esforços exagerados para melhorar a produtividade por meio de monoculturas levam à destruição da interdependência entre as espécies, como também da simbiose e dos mecanismos naturais de equilíbrio. A longo prazo, os prejuízos disso são enormes (veja quadros à direita). Quanto menos aproveitarmos a capacidade natural "gratuita" de ecossistemas intactos, tanto mais energia precisamos investir na agricultura. Por meio de quantidades imensas de adubos e pesticidas tentamos compensar aquilo que a natureza consegue fazer por si mesma.

Unidade não significa monopólio

É lamentável que, para muitos cristãos, o ideal de unidade tem sido muitas vezes intimamente relacionado com o conceito de um sistema monopolista, uma expressão típica do pensamento tecnocrático. Para eles a unidade dos cristãos chegará ao seu ápice quando todas as igrejas pertencerem a uma grande denominação, quando a liturgia for igual em todas as igrejas, quando todos os cristãos viverem o mesmo tipo de piedade e religiosidade. O paralelismo entre esse modelo e a monocultura na agricultura pode ser tão facilmente observado quanto o pensamento tecnocrático que está por trás dos dois modelos.

Dons espirituais e simbiose

Em nossa pesquisa, pudemos observar, nas mais diversas áreas de trabalho da igreja, os benefícios da simbiose, ou seja, da interdependência das diferentes "espécies" no trabalho. Provavelmente, o melhor exemplo disso está nos ministérios orientados pelos dons. Em vez de defender um "quadro único" do serviço

Capítulo 3:
6 forças de crescimento

Monocultura de repolho

Erosão causada pela monocultura excessiva

cristão, os diferentes dons e tipos de personalidades interagem e se estimulam mutuamente.

Nas estruturas caracterizadas pela simbiose o que interessa é que as necessidades de cada cristão ("Do que eu gosto?") e as necessidades da igreja ("O que contribui para a edificação da igreja?") complementam-se e não concorrem uma com a outra. É, no mínimo, digno de observação que igrejas com índice de qualidade elevado dão mais importância a esse princípio (veja quadro abaixo).

Na literatura secular de administração de empresas esse princípio é chamado de "relacionamento ganhador-ganhador". Não deve haver perdedores e ganhadores; as decisões devem ser tomadas para que todos saiam ganhando. O que os mestres da administração festejam como uma nova descoberta revolucionária, não é nada mais do que Jesus já tentou nos ensinar há 2.000 anos pela "regra de ouro". Ele não se referiu a ela como simbiose ou "ganhador-ganhador", mas a chamou de amor ao próximo.

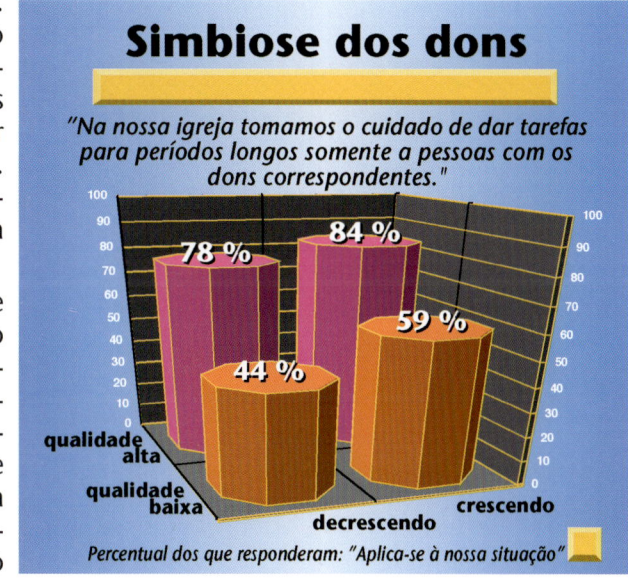

A "regra de ouro"

Simbiose dos dons

"Na nossa igreja tomamos o cuidado de dar tarefas para períodos longos somente a pessoas com os dons correspondentes."

- qualidade alta / decrescendo: 78 %
- qualidade alta / crescendo: 84 %
- qualidade baixa / decrescendo: 44 %
- qualidade baixa / crescendo: 59 %

Percentual dos que responderam: "Aplica-se à nossa situação"

É evidente que se tivéssemos de escolher entre a concorrência e o monopólio, eu optaria pela concorrência. Apesar de ser um modelo pouco atraente, a concorrência está muito além da falta de objetividade, da monotonia e da ineficiência do monopólio. Graças a Deus, como cristãos, não temos somente essas duas alternativas. O princípio espiritual da simbiose é muito superior aos dois modelos citados.

Capítulo 3:
6 forças de crescimento

Sexto princípio: Frutificação

Todo ser vivo da criação de Deus é caracterizado pela capacidade de produzir fruto.

Na criação de Deus cada detalhe tem a sua função, inclusive nas situações em que essa função não estiver clara à primeira vista. "Por que os rios fazem tantas curvas?" "Qual é a função dos insetos?" Tecnocratas não conseguem entender esses tipos de particularidades da natureza e se lançam a endireitar rios e a inventar e usar inseticidas. Tudo isso acontece em nome da "funcionalidade" — palavra predileta dos tecnocratas. Só que eles estão falando da funcionalidade de um robô e não da funcionalidade natural, auto-reguladora, que visa a frutificação.

Todo ser vivo da criação de Deus é caracterizado pela capacidade de produzir fruto. Faz parte da essência desse "fruto", seja uma maçã, uma castanha ou mesmo um bebê, contribuir para a preservação da espécie. Onde não há mais fruto, todo o ser vivo está condenado à morte.

"Fruto" na Bíblia

Certamente não é coincidência que Jesus se refere repetidas vezes a essa lei natural para aplicá-la a aspectos espirituais. Em Mateus 7 lemos: "Assim toda árvore boa produz bons frutos" e "pelos frutos os conhecereis" (v. 17 e 16). Já que frutos, de acordo com padrões bíblicos e biológicos, não são invisíveis, é fácil reconhecer por eles a qualidade do organismo (ou igreja) que os produz.

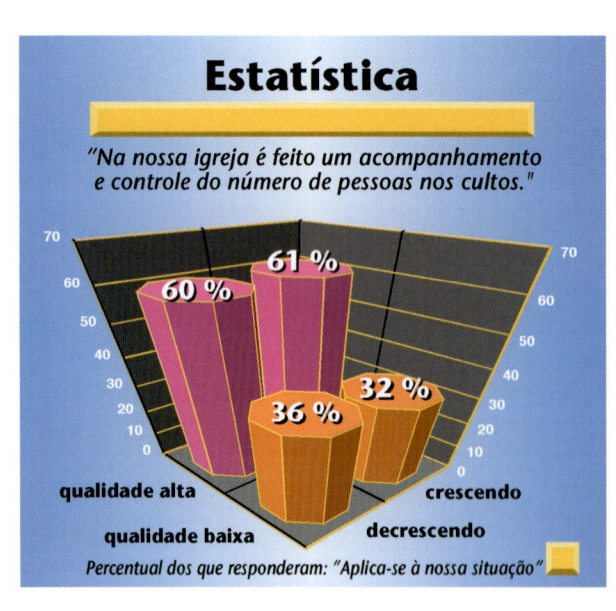

No Desenvolvimento Natural da Igreja fazemos a pergunta acerca dos frutos em dois aspectos. Um deles é a qualidade e a pergunta é: Como se desenvolve o índice de qualidade nas oito marcas de qualidade? O outro aspecto é a quantidade e a pergunta é: A igreja está crescendo, ou seja, ela está se multiplicando? É marcante o fato de que nas igrejas com baixo índice de qualidade esta pergunta sequer seja feita (veja o quadro à esquerda).

Esse tipo de "controle do sucesso" é importante para evitar que a nossa forma de trabalho, orientada por princípios, se torne refém do abuso ideológico. Já vimos que no Desenvolvimento Natural da Igreja, em

Estatística

"Na nossa igreja é feito um acompanhamento e controle do número de pessoas nos cultos."

- qualidade alta: 60%
- qualidade baixa: 36%
- crescendo: 61%
- decrescendo: 32%

Percentual dos que responderam: "Aplica-se à nossa situação"

Capítulo 3: 6 forças de crescimento

Seja no sentido literal ou no figurado, na natureza tudo é voltado para dar frutos. A falta de frutos é sinal de que há algo errado.

contraste com o pragmatismo, não perguntamos em cada decisão se o que pretendemos fazer será útil ou não para o aumento do número de participantes do culto, por exemplo. Em vez disso perguntamos: O que estamos decidindo fazer está de acordo com os princípios fundamentais do Desenvolvimento Natural da Igreja? Uma boa forma de verificar se o que fazemos está realmente de acordo com os princípios é examinar periodicamente se há frutos visíveis do nosso trabalho.

Lamentavelmente, o critério da utilidade é considerado não espiritual em muitos círculos cristãos. Porém o que chama a nossa atenção é a frequência com que esse conceito aparece na Bíblia. Somente no Novo Testamento o termo "útil" aparece 19 vezes. A chave para a compreensão do que é "útil" ou do que convém está em 1 Coríntios 10.23: Todas as coisas são lícitas, mas nem todas convêm; todas são lícitas, mas nem todas edificam. Ou seja, de acordo com o Novo Testamento, é útil, ou convém, aquilo que "edifica". Por trás desse último termo está a palavra grega oikodomeo, um dos termos-chave da Bíblia para edificação de igreja. "Edificação", no sentido bíblico, não significa um "sentimento edificante", mas é um conceito arquitetônico que tem como objetivo concreto a edificação da igreja de Jesus Cristo.

"Utilidade" na Bíblia

**Capítulo 3:
6 forças de crescimento**

Forças de crescimento de Deus: o contrário do usual

Os princípios do Desenvolvimento Natural da Igreja são praticamente o contrário do que geralmente é considerado certo na maioria das igrejas.

Os princípios do Desenvolvimento Natural da Igreja são praticamente o contrário do que geralmente é considerado certo na maioria das igrejas.

O que exatamente conecta as oito marcas de qualidade estudadas no capítulo 1 com as seis forças de crescimento? Veja e observe a tabela da página à direita. Em cada uma das marcas de qualidade é feita a distinção entre o substantivo e o adjetivo ou qualificativo. O segredo dessas oito marcas de qualidade não está nos substantivos ("liderança", "ministérios", "espiritualidade", etc.), mas nos qualificativos ("capacitadora", "orientados pelos dons", "contagiante", etc.). Enquanto o que está por trás dos substantivos existe em praticamente todas as igrejas, o que realmente torna o índice de qualidade de uma igreja elevado é que ela consegue liberar as forças de crescimento dadas por Deus em todas as áreas do seu trabalho. De que forma isso acontece? Por meio da aplicação, consciente ou inconsciente, dos princípios naturais descritos neste capítulo.

Na literatura do crescimento de igreja há numerosas listas de "características de igrejas que crescem". Até hoje coletei 23 dessas listas dos mais diversos autores e o interessante é que todas elas são relativamente semelhantes. A razão pela qual dou preferência à "nossa" lista é que ela retrata de forma inconfundível o "segredo natural do sucesso" das marcas de qualidade por meio dos qualificativos que definem cada marca. As formulações até podem parecer um tanto abstratas à primeira vista, o que é natural nesse campo de reflexão, pois um único termo precisa cobrir um leque muito abrangente de observações que mudam de situação para situação, mas contribuem todos para o mesmo projeto.

De onde vem a oposição

Quando, há alguns anos, começamos a desenvolver o material de trabalho para cada uma das oito marcas de qualidade que assim nos ajudariam a aplicar os princípios da natureza no trabalho da igreja, descobrimos algo muito interessante. Os princípios do Desenvolvimento Natural da Igreja são praticamente o contrário do que geralmente é considerado certo na maioria das igrejas.

Na prática (e não no seu ensino oficial), algumas igrejas defendem fervorosamente como particularmente "espiritual" um estilo de ministério que reflete o oposto dos qualificativos das oito marcas de qualidade. Sempre que tentamos implantar o Desenvolvimento Natural da Igreja, vemos que o modelo espiritualizado e o tecnocrático estão arraigados de forma palpável no pensamento de muitos cristãos.

Capítulo 3:
6 forças de crescimento

área de trabalho	Elemento decisivo (Liberação do "por si mesmo")
Liderança	*capacitadora*
Ministério	*orientados pelos dons*
Espiritualidade	*contagiante*
Estruturas	*eficazes*
Culto	*inspirador*
Grupos pequenos	*integrais*
Evangelização	*orientada para as necessidades*
Relacionamentos	*marcados pelo amor fraternal*

Ao se visualizar as oito marcas de qualidade em forma de tabela percebe-se que embora as áreas de ministério (coluna da esquerda) existam em praticamente todas as igrejas, o seu segredo de crescimento é a sua capacidade de seguir o princípio do "por si mesmo" em cada uma das áreas (coluna da direita).

Nossa pesquisa revelou que, independentemente de como uma igreja de alto índice de qualidade explique o seu crescimento, o "segredo do seu sucesso" está na liberação do "crescimento por si mesmo" dado por Deus. Essa afirmação tem o seu outro lado, ou seja, as igrejas que têm um índice de qualidade baixo e, portanto, não estão crescendo quantitativamente, estão fazendo algo de errado. Elas não estão trabalhando em harmonia com as forças de crescimento que estudamos nesses capítulos. Em todas as igrejas com índice de qualidade baixo, sem exceção, é relativamente fácil detectar o problema. O que geralmente não é fácil fazer, é mudar a situação para melhor.

O motivo da baixa qualidade

Certamente não estou afirmando que, se em todas as áreas colocarmos em prática os princípios de trabalho em harmonia com as forças de crescimento dadas por Deus, as massas inundarão as nossas igrejas. Há a rejeição do evangelho causada pela própria mensagem da cruz. Mas há também empecilhos nos métodos usados pelo exército comissionado para levar o evangelho adiante. Se, por acaso, no trabalho da igreja estamos invertendo com muita naturalidade princípios comprovados de edificação de igreja, deveríamos ser mais cuidadosos em atribuir a falta de "sucesso" somente à mensagem da cruz.

Paradigmas falsos — métodos errados

Capítulo 3: 6 forças de crescimento
Aprender a pensar naturalmente

> *As seis forças de crescimento não só nos ensinam a agir, mas muito mais a reagir de forma a estimular o crescimento.*

Espero que de tudo que vimos até aqui esteja claro por que o Desenvolvimento Natural da Igreja não é um pacote pré-fabricado, mas uma forma de trabalho que se concentra conscientemente na transmissão de princípios. Nisso, a nossa forma de trabalho difere, por um lado, de uma ideologia legalista ("temos que seguir esse programa ponto por ponto"), e, por outro lado, do pragmatismo sem princípios ("o fim justifica os meios"). A tabela à direita mostra as diferenças entre essas três formas de trabalho.

A maioria das pessoas — pastores não são exceção — não estão especialmente treinadas a viverem de forma interdependente. A minha experiência, no entanto, mostra que é possível aprender a "pensar naturalmente". Quando sou convidado a participar de seminários de pastores para falar sobre o Desenvolvimento Natural da Igreja o que procuro fazer — para decepção de muitos participantes — é não dar respostas prontas para cada um levar no final do encontro. Tento, em primeiro lugar, fazer todos descobrirem as armadilhas presentes na forma tradicional de pensamento da maioria dos cristãos e, em segundo lugar, ajudar a todos a aprenderem a "pensar naturalmente". Usando estudos de caso, tentamos esclarecer o que significa trabalhar em harmonia com as forças de crescimento dadas por Deus para a vida cotidiana das igrejas.

Quando alguém me reporta sua situação e pergunta o que deve fazer, geralmente não lhe dou uma resposta pronta, mas reajo com uma pergunta: "O que aconteceria se nessa situação aplicássemos o princípio da transformação de energia (ou da multiplicação, ou da simbiose)"? E aí todos nos debruçamos sobre aquele problema e ficamos admirados com a criatividade das propostas de soluções que aparecem com perguntas tão simples. Falando de forma figurada, eu não gostaria de dar um buquê de flores à igreja, mas ajudá-la a produzir as suas próprias flores. Estou convicto que também em outras áreas da vida essa é a melhor forma de agir.

Princípios e intuição

Em dinâmicas de grupo, tenho descoberto que a nossa intuição frequentemente nos leva a tomar decisões tecnocráticas em vez de liberar as forças de crescimento dadas por Deus. Somente depois de trabalharmos mais tempo com os parâmetros do desenvolvimento natural vamos perceber que também a nossa intuição vai se adaptando aos princípios da natureza. Aí já não necessitaremos nos apegar tanto aos seis princípios, pois intuitivamente tomaremos decisões mais acertadas. Tudo depende do que influencia e determina a nossa intuição!

Capítulo 3: 6 forças de crescimento

	Estratégia ideológica	**Pragmatismo**	**Estratégia baseada em princípios**
Pergunta-chave	"Qual material pré-fabricado devo adotar?"	"O que é mais útil nessa situação?"	"Que significam os princípios bíblicos nessa situação?"
Credo	"Precisamos nos orientar por leis estabelecidas de uma vez por todas."	"Não há princípios universais — os fins justificam os meios."	"Princípios de crescimentgo precisam ser adaptados a cada nova situação."
Resultado	Não há crescimento (essa situação é interpretada como prova de obediência leal)	Crescimento artificial (de acordo com a sabedoria humana)	Crescimento natural (em harmonia com os princípios de crescimento de Deus)

Esta tabela mostra como a estratégia baseada em princípios difere da estratégia ideológica e pragmática.

A grande vantagem de estudarmos as seis forças de crescimento é que elas não só nos ensinam a agir, mas muito mais a reagir de forma criativa a estimular o crescimento da igreja. Mais de 90% do trabalho do pastor consiste em reagir a situações que ele não planejou nem escolheu: é o casamento de um dos líderes que desmorona; surge um aperto financeiro; é necessário fazer um conserto nas dependências da igreja; um dos presbíteros da igreja se opõe a um projeto; um membro da igreja se queixa de não receber atenção suficiente. Enfim, o pastor tem dificuldades em separar questões pessoais e ministério.

O Desenvolvimento Natural da Igreja não exclui essas questões do trabalho da igreja, mas quer contribuir para que essas decisões sejam tomadas em concordância com as forças de crescimento dadas por Deus. Na somatória dessas decisões do dia a dia é que acontece o trabalho de edificação da igreja, e não somente nas reuniões em que líderes estão sonhando com objetivos — talvez irreais — de crescimento de igreja.

A pessoa que refletir mais a fundo sobre as seis forças de crescimento notará que, na essência, esses seis princípios podem

Resumindo o trabalho ao essencial

Capítulo 3:
6 forças de crescimento

ser reduzidos a um único. Ou seja, a pergunta a fazer é: "Como podemos criar condições para que o princípio de crescimento por si mesmo, com que Deus equipou a sua igreja, seja liberado como uma influência crescente?" No final das contas todos os princípios de edificação de igreja resumem-se a essa pergunta. Aprendi nos últimos anos que o importante não é conhecer centenas de princípios bem definidos e diferenciados. O que realmente importa é se apropriar de uma certa "percepção" (mesmo que um tanto vaga) da forma como o crescimento por si mesmo funciona.

Em vez de mais trabalho, alívio

O que falamos até agora sobre a possibilidade de se "fazer igreja" não é uma teoria abstrata. Há uma diferença muito grande — até nos sentimentos — se estou tentando empurrar e puxar a igreja por forças próprias ou se estou me concentrando em permitir que Deus faça valer os seus processos automáticos de crescimento. Na média, os obreiros de igrejas com índice de qualidade elevado têm mais alegria no seu trabalho e se sentem menos sobrecarregados. Eles experimentam, de fato, o que significa o Espírito Santo edificar a igreja.

Também nas igrejas com índice de qualidade elevado existem, infelizmente, obreiros e membros sobrecarregados. No entanto a sobrecarga não é um princípio de crescimento, mesmo que algumas pessoas pensem que seja! Este é um erro que pode ser encontrado em igrejas que são sadias nos outros aspectos. Não podemos fazer dos erros princípios de sucesso só porque apareceram juntamente com o sucesso.

Como acontecem as coincidências

Quando observamos igrejas que crescem, às vezes percebemos que muitas coisas simplesmente acontecem a elas — talvez por coincidência, ou pela graça de Deus — e é assim que essas igrejas percebem a sua própria situação. Na realidade, no entanto, elas têm uma visão diferente dos desafios que estão à sua volta. Por isso elas reconhecem determinadas situações, que para algumas estão escondidas e para outras são empecilhos, como oportunidades e as usam de forma criativa para o engrandecimento do reino de Deus.

A nossa esperança é que as seis forças de crescimento adaptadas ao reino de Deus ajudem as igrejas a terem essa visão para o trabalho.

Capítulo 4

Um novo paradigma

O Desenvolvimento Natural da Igreja não é apenas mais um método de crescimento de igreja, mas um método totalmente novo. É uma nova forma de pensar, diferente da usual no cristianismo hoje. Até aqui temos nos deparado repetidas vezes com os rastros do que denominamos de paradigma "tecnocrático" e de paradigma da "espiritualização". O que está por trás desses paradigmas? A compreensão das diferentes formas de pensar que marcam o cristianismo nos ajuda principalmente no entendimento das barreiras que aparecerão contra a aplicação prática desse novo procedimento.

Capítulo 4: Um novo paradigma
Imagens equilibradas na Bíblia

A relação criativa entre dois polos é o segredo da auto-organização na natureza.

Uma marca que encontramos em toda a criação de Deus é a lei da bipolaridade. Como ilustração, pensemos na forma como funciona o nosso cérebro. As duas metades do cérebro estão relacionadas a duas áreas diferentes: a metade esquerda, que controla o lado direito do corpo, é em geral a metade pensante, lógica, racional e verbal. A metade direita, que controla o lado esquerdo, ao contrário, é a metade artística, reconhece e produz imagens, armazena melodias, tem tons poéticos. É o lado intuitivo, criativo.

A mesma bipolaridade é reconhecível em todas as áreas da criação como, por exemplo, na eletricidade, no magnetismo ou no relacionamento entre marido e mulher, só para citar alguns. A lei da bipolaridade diz que a uma ação sempre corresponde uma reação. A relação entre os polos libera um fluxo de energia que tem influência direta sobre o que chamamos de "princípio da auto-organização". Vamos tomar como exemplo o relacionamento entre os sexos. A reprodução do ser humano não precisa ser organizada artificialmente. Ela acontece por si mesma, pela força de atração entre os dois polos. É a liberação do potencial natural!

Os dois polos da igreja

Encontramos o mesmo tipo de bipolaridade no Novo Testamento, onde a referência à igreja é tanto de imagem dinâmica quanto estática. As imagens dinâmicas típicas descrevem a igreja com imagens de cunho orgânico (por exemplo, a igreja como corpo, Rm 12.4-8). Outros textos usam as imagens estáticas emprestadas do mundo da arquitetura e da construção civil (por exemplo, Paulo como o arquiteto sábio que colocou o fundamento sobre o qual outros continuam a construir, 1Co 3.10). Neste contexto "polo estático" não tem conotações negativas, mas refere-se ao conceito de estática como usado na arquitetura, significando simplesmente "uma necessidade básica de que toda boa construção necessita". Em algumas passagens do Novo Testamento as duas formas são colocadas de maneira tão intimamente relacionada em

	Polo dinâmico: imagem orgânica	**Polo estático: imagem técnica**
1Pe 2.5	*vivas*	*pedras*
Ef 2.21	*crescimento*	*do templo*
Ef 4.12	*corpo de Cristo*	*edificado*
1Co 3.9	*lavoura de Deus*	*edifício de Deus*

Polo dinâmico e polo estático

O conceito do DNI na igreja

Polo dinâmico
orgânico
cresce
liberdade
"por si mesmo"

Produz →

Polo estático
técnico
constrói
ordem
"feito pelo homem"

← Estimula

Capítulo 4:
Um novo paradigma

O conceito de igreja em equilíbrio: os polos estático e dinâmico, o organismo e a organização estão interligados e interagindo.

uma imagem que até parecem um paradoxo (veja quadro à esquerda). Mas no Novo Testamento os dois polos coexistem e não se excluem mutuamente.

No quadro acima podemos reconhecer que os dois polos estão em uma relação dupla. Por um lado o polo dinâmico sempre cria a organização (estruturas, instituições, regras, programas, etc.). Por outro lado, a tarefa dessas organizações é contribuir para o desenvolvimento do polo dinâmico. Enquanto essa circulação estiver intacta — não só na nossa mente, mas na prática — a relação entre os dois polos é altamente criativa. Nesse caso é possível demonstrar que se trata de igrejas que crescem e estão sadias.

Tudo depende da circulação!

O círculo retratado no gráfico que relaciona os dois polos é o símbolo gráfico para a atuação do Espírito Santo. É ao mesmo tempo um símbolo da liberação das forças de crescimento dadas por Deus que surgem da coexistência positiva e criativa dos dois polos. Deus é quem permite o crescimento. O problema é que, na maioria das igrejas, esse círculo está quebrado. Em tais casos, o paradigma equilibrado do Desenvolvimento Natural da Igreja é substituído por um pensamento unidimensional, causando os paradigmas falsos frequentemente mencionados neste livro.

Capítulo 4: Um novo paradigma
Perigos à direita e à esquerda

> *O problema é que a maioria dos cristãos pensa de forma dualística ou monística; ou então pensa de forma espiritualizada ou tecnocrática.*

A circulação que mantém unidos o polo dinâmico e o polo estático, pode quebrar de duas formas diferentes, como tentei representar graficamente na página ao lado. Por um lado, é possível absolutizar o polo direito (institucional) e fazer de conta que, se ele está presente, a totalidade da igreja de Jesus está representada. Considero essa forma de ver as coisas "monismo". Essa é a estrutura do modelo tecnocrático. Quem pensa de forma monista, confunde os dois polos como um só. Esta pessoa está convicta de que se o polo direito estiver em ordem (ter a doutrina certa, a orientação política correta, um ótimo programa de crescimento de igreja), já não precisamos nos preocupar com o polo esquerdo (que é a vida dinâmica do organismo igreja).

Por outro lado, a circulação pode pender para a esquerda. Nesse caso, o polo dinâmico é separado do seu contrapeso estático. Formas, programas, estruturas e instituições são considerados sem importância, às vezes até prejudiciais. Denomino essa posição como "dualismo". É a estrutura do modelo da espiritualização.

> *O que significam "monismo" e "dualismo"?*

Talvez uma ilustração esclareça esses conceitos tão abstratos à primeira vista. Para ouvirmos a uma música em um aparelho de som estéreo necessitamos de dois polos, dois alto-falantes. Nesse contexto o que significa, então, a forma *monista* de pensamento? É como se ouvíssemos a música só em mono e ainda afirmássemos que é a melhor música que já ouvimos. Temos a convicção de que de um alto-falante estamos ouvindo a música toda.

Por outro lado, a forma *dualista* de pensar é como se ouvíssemos somente o alto-falante esquerdo e ainda estivéssemos afirmando que a saída direita é desnecessária ou até prejudicial para o real prazer de ouvir aquela música. O fato, no entanto, é que Deus nos deu dois ouvidos — mais um exemplo da bipolaridade na criação — e por isso precisamos levar isso em conta na hora de ouvir música.

Esta ilustração mostra-nos que as duas posições estão em sentidos bem diferentes: o monismo trata ambos os polos como sendo um, enquanto que o dualismo desconecta os dois polos. Em um aspecto, as duas formas são semelhantes: não são capazes de compreender a lei da bipolaridade. A consequência do pensamento monista no trabalho de igreja é a tecnocracia, em que o lema é: "Implante exatamente esse programa na sua igreja e ela crescerá".

Capítulo 4:
Um novo paradigma

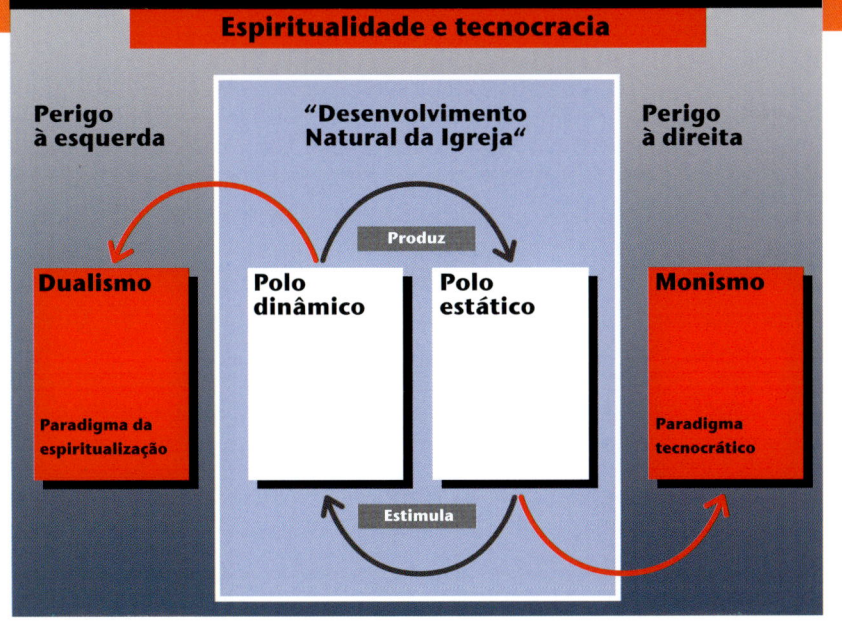

Perigos à direita e à esquerda

Espiritualidade e tecnocracia

Perigo à esquerda — Dualismo — Paradigma da espiritualização

"Desenvolvimento Natural da Igreja" — Polo dinâmico — Produz → Polo estático — Estimula →

Perigo à direita — Monismo — Paradigma tecnocrático

O Desenvolvimento Natural da Igreja e seus perigos à esquerda e à direita. Enquanto o monismo trata ambos os polos como um, o dualismo desconecta os polos um do outro.

A consequência do pensamento dualista pode ser descrita como a forma espiritualizada de trabalhar as coisas na igreja. Ou seja, o seu lema é: "Instituições não têm importância espiritual alguma". Os dois modelos, no entanto, estão igualmente distantes da realidade em que Deus, o criador, nos colocou. Eles são empecilhos para a forma bíblica de pensar e para a fé viva, e acabam prejudicando o trabalho de edificação de uma igreja.

Paradigmas diferenciados funcionam como óculos com cores diferentes. Podemos olhar para a mesma evidência (dentro ou fora da igreja), podemos até mesmo ler o mesmo versículo bíblico, e ainda assim ver realidades totalmente diferentes. O problema é que pessoas que pensam de forma monista ou dualista usam óculos que as tornam cegas de um olho. Elas não conseguem discernir o quadro completo!

Paradigmas funcionam como óculos

A maioria dos cristãos pensa de forma monista ou de forma dualista; de forma espiritualizada ou tecnocrática. Eles não conseguirão ver a bipolaridade, se não receberem os "óculos" para esse fim. Por isso é importante observarmos mais detalhadamente os dois falsos modelos com que nos deparamos aqui. Isso vai mostrar por que há tanta resistência para com a estratégia do DNI na vida e ministério da igreja.

Capítulo 4: Um novo paradigma
O paradigma tecnocrático

A força-motriz psicológica do paradigma tecnocrático é a bem difundida mentalidade da autossuficiência.

O que é a essência do paradigma tecnocrático? Como já vimos, para os tecnocratas a igreja é constituída somente do polo direito, institucional. O tecnocrata crê que aquilo que representamos na ilustração com o polo esquerdo é produzido automaticamente pelo trabalho na área institucional da igreja. Tudo isso já está contido no polo estático.

O pensamento tecnocrático pode produzir, nos seus extremos, convicções bem diversas, como por exemplo:

- "Se você é consagrado pastor em uma cerimônia de ordenação você está automaticamente capacitado para o ministério."
- "Celebre o culto de acordo com uma liturgia bem definida e o Espírito Santo vai cair sobre a igreja automaticamente."
- "Aceite um conjunto definido de doutrinas e você será automaticamente um verdadeiro cristão."
- "Implante esse programa de crescimento de igreja e a sua igreja vai crescer e se desenvolver automaticamente."

Formas diversas do pensamento tecnocrático

Todas as formas exemplificadas acima representam posições bem diferenciadas e detalhadas — desde sacralismo, passando pelo dogmatismo e clericalismo indo até a fé cega em métodos para o crescimento da igreja — mas todas com a mesma estrutura tecnocrática como fundamento. Representantes dessa forma de pensamento vivem na ilusão de que o que fazem no campo institucional (o polo direito no diagrama) garante automaticamente o polo esquerdo.

A fé incondicional nesse mecanismo automático cega o tecnocrata, por isso ele não consegue sequer diferenciar os dois polos. Visitar um culto ou experimentar a ação real do Espírito Santo, aceitar um conjunto de doutrinas ou ter um relacionamento pessoal com Jesus Cristo, participar de um rito de ordenação para o ministério ou receber os dons espirituais, implantar um pacote de métodos para o crescimento de igreja ou experimentar crescimento real da igreja, são aspectos entre os quais o tecnocrata não vê diferença. Para ele é tudo a mesma coisa. A sua forma monista de pensar impede que ele entenda a bipolaridade nessa questão toda.

Uma estrutura estática de causa e efeito

A fé cega nesse tipo de mecanismo automático não tem nada em comum com o princípio do por si mesmo descrito neste livro nas páginas 12 e 13. O que se imagina entre os tecnocratas parece muito mais com uma máquina em que se parte da estrutura "causa

*Capítulo 4:
Um novo paradigma*

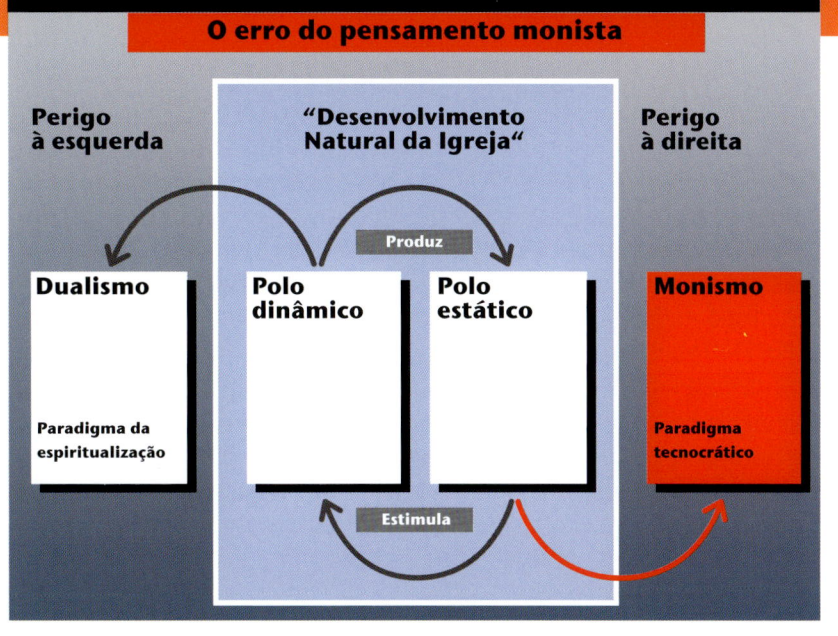

O paradigma tecnocrático

O erro do pensamento monista

Perigo à esquerda — Dualismo — Paradigma da espiritualização

"Desenvolvimento Natural da Igreja" — Polo dinâmico *Produz* Polo estático / *Estimula*

Perigo à direita — Monismo — Paradigma tecnocrático

Um olhar sobre o paradigma tecnocrático: o pensamento monista não diferencia entre os dois polos no centro do gráfico. Este ponto de vista absolutiza o polo direito.

e efeito", como por exemplo, na máquina de comprar refrigerante: eu coloco uma moeda de um lado e sai uma latinha do outro.

A estratégia tecnocrática, no que se refere à sua estrutura básica de funcionamento, está próxima da magia. Assim como o mágico profere as palavras mágicas ("Abra cadabra...") para produzir o resultado esperado, automaticamente e com absoluta certeza, assim também o tecnocrata está totalmente convencido de que as suas fórmulas, dogmas, instituições e métodos de edificação de igreja produzirão um resultado semelhantemente mágico.

A força-motriz psicológica do paradigma tecnocrático é a bem difundida mentalidade da autossuficiência, tão propagada também no cristianismo. Em vez de depositar a confiança somente sobre a pessoa de Jesus, procura-se por garantias exteriores. Nesse paradigma as pessoas não se satisfazem com a criação de instituições que sejam úteis para o desenvolvimento do polo orgânico, mas procuram desenvolver programas que assegurem a saúde da igreja.

O pensamento monista-tecnocrático parece-me ser o modelo mais difundido no cristianismo ocidental. É o grande perigo de toda igreja no mais tardar a partir da segunda geração de crentes. As intenções dos representantes desse modelo são boas e respeitáveis na maioria dos casos. Só que isso não muda o fato de que esse é um paradigma extremamente perigoso para o desenvolvimento do organismo igreja.

A mentalidade da autossuficiência

*Capítulo 4:
Um novo
paradigma*

O paradigma da espiritualização

Para os defensores do paradigma da espiritualização as instituições são, na melhor hipótese, secundárias, e, em muitos casos, identificadas com o próprio mal.

O dualismo que está na base do paradigma da espiritualização pode ser observado nos mais diversos níveis. É o dualismo entre espírito e matéria, entre organismo e organização, entre ação divina e ação humana, entre o sobrenatural e o natural. Dualismo, nesse caso, significa que os dois polos não são correlacionados, mas se excluem mutuamente. Nesse paradigma somente o polo dinâmico é "espiritual"; as instituições são, na melhor hipótese, secundárias, e, em muitos casos, identificados com o próprio mal.

A espiritualização precisa ser entendida como reação ao paradigma tecnocrático. O defeito no modelo da espiritualização está no fato de não só ver dificuldades na administração tecnocrática das instituições, mas em não dar valor algum às instituições em si. Com isso torna-se evidente a falha básica desse pensamento, ou seja, há aí uma relação apenas parcial com a criação de Deus. Os que defendem o paradigma da espiritualização não entenderam que foi Deus mesmo quem criou o mundo e o considerou "muito bom" (Gn 1.31). Eles não entenderam que encarnação significa que "a Palavra tornou-se carne" (Jo 1.14). Eles não entenderam que, de acordo com o testemunho da Bíblia, o Espírito de Deus é a origem da vida e da energia da criação (Sl 104.30; Jó 34.14). Criação quer dizer: Deus sopra o seu Espírito em matéria morta e a chama assim para a vida.

Compreensão gnóstica do Espírito Santo

A dificuldade no contato com pessoas do paradigma da espiritualização é que muito do que elas dizem soa, de fato, "espiritual". Sob uma análise mais acurada, no entanto, verifica-se que eles estão mais próximos de uma espiritualidade gnóstica do que bíblica.

Não quero ser mal entendido. Não é que esses cristãos defendam uma teologia gnóstica. Muito frequentemente eles aderem a uma doutrina bastante ortodoxa, confessando a Deus como o criador, ensinando a encarnação do Filho e o Espírito Santo como aquele que edifica a igreja. E mesmo assim, seu inconsciente, sua intuição e suas emoções refletem um entendimento do mundo e do Espírito Santo que é essencialmente gnóstico, e esse campo tem importância maior para o trabalho prático do que a doutrina oficial formulada pelos teólogos.

Sobre regras e exceções a elas

Sempre que vou ministrar em grupos que tendem para o modelo da espiritualização tenho a seguinte experiência: enquanto estou expondo as conclusões e os princípios aos quais chegamos em

Capítulo 4: Um novo paradigma

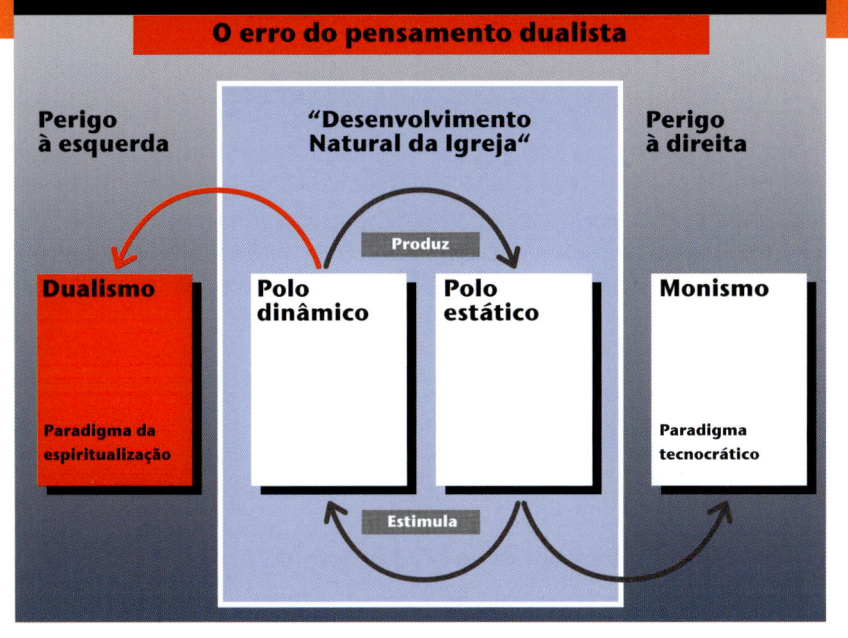

O paradigma da espiritualização

O erro do pensamento dualista

Perigo à esquerda	"Desenvolvimento Natural da Igreja"	Perigo à direita
Dualismo — Paradigma da espiritualização	Polo dinâmico **Produz** → Polo estático / ← **Estimula**	Monismo — Paradigma tecnocrático

Um olhar sobre o paradigma da espiritualização: o pensamento da espiritualização não é apenas contra qualquer visão tecnocrática das instituições, ele se opõe a todas as questões institucionais.

nossa pesquisa — ou seja, como Deus age via de regra — muitos pensam que isso é algo não muito espiritual, ou, pelo menos, pouco edificante. No entanto quando começo a falar de exceções à regra, — que obviamente existem, mas que do ponto de vista espiritual e estratégico são menos importantes que princípios — aí os olhos dos participantes enchem-se com um brilho especial, como se quisessem dizer: "Agora Deus está agindo de fato!"

Normalmente, o procedimento deveria ser copiar a regra e não a exceção para um novo trabalho na igreja. Mas o que significa "normalmente"? A atitude descrita acima combina bem com a definição do paradigma da espiritualização. Se as regras e princípios dos quais falamos não são espirituais, então será somente através da sua quebra que o Espírito Santo agirá ali.

Obra divina ou obra humana?

Na lógica da espiritualização a ação do Espírito Santo recebe importância especial sempre que Deus não leva em conta planejamento, programas e instituições. Agora, não entra na cabeça de uma pessoa que escolheu o dualismo como o seu modelo de entender as coisas que essa postura significa que Deus teria de quebrar sempre os seus próprios princípios para edificar a sua igreja. Para ela os princípios de que estamos falando não são obra de Deus, mas simplesmente obra humana, talvez até satânica. E com base no modelo da espiritualização isso faz sentido.

Capítulo 4: Um novo paradigma
As consequências dos falsos paradigmas

Tanto tecnocratas quanto os defensores do paradigma da espiritualização não conseguem compreender a bipolaridade.

Se tentarmos nos colocar na posição, tanto do modelo da espiritualização quanto no tecnocrático, será difícil evitar uma simpatia pelos dois modelos. Os da espiritualização lutam com todas as forças contra o racionalismo, contra a autossuficiência e a "obsessão do fazer" do paradigma tecnocrático. É impossível discordar deles. Eu sou o primeiro a ajudá-los nessa luta. Os tecnocratas, por outro lado, reagem veementemente contra a irracionalidade e a alienação dos que pendem para a espiritualização. Também aqui é necessário dizer: do ponto de vista teológico, bíblico e estratégico eles têm razão nessa luta.

Por isso, olhando o quadro todo, ficamos confusos. Será que os dois modelos têm razão? No entanto, é difícil concordar com as duas posições se concentrarmos as nossas atenções exatamente sobre os pontos nos quais eles discordam entre si.

Cegos para a visão equilibrada

Percebemos que é fácil resolver esse problema se reconhecermos como esses dois grupos veem o equilíbrio no Desenvolvimento Natural da Igreja: *eles não o veem* (veja quadro ao lado)! Já que tanto tecnocratas quanto "espiritualizantes" só sabem radicalizar, eles não conseguem reconhecer a posição do meio.

Como o "espiritualizante" vê a abordagem do DNI? Ele a identifica e confunde completamente com o modelo tecnocrático, pois na base do seu modo de ver as coisas está uma rejeição de todo tipo de instituições. Eles não conseguem distinguir entre uma visão estritamente funcional das instituições (típico do paradigma do DNI) e a superestimação bruta das instituições (típico do paradigma tecnocrático).

Quadro semelhante aparece quando observamos como o tecnocrata vê o Desenvolvimento Natural da Igreja: uma campanha contra todo o aspecto institucional, técnico, racional e programático do crescimento da igreja. Ou, colocado de outra forma, se o tecnocrata não é um defensor do movimento de crescimento de igreja, o Desenvolvimento Natural da Igreja soará como uma declaração de guerra às formas, tradições e ordem vigente da igreja.

Por que não nos entendemos

Inúmeras vezes tive a experiência no meu ministério de que, dependendo do meio em que estava, me confundiam ora com um tecnocrata, ora com um "espiritualizante". Por muitos anos não

As consequências do pensamento unidimensional

Capítulo 4: Um novo paradigma

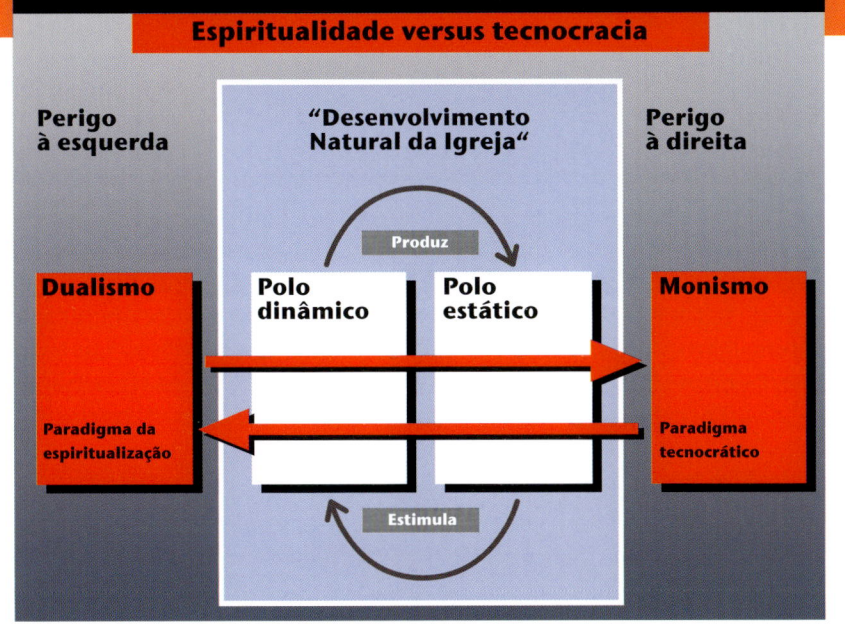

Espiritualidade versus tecnocracia

Perigo à esquerda	"Desenvolvimento Natural da Igreja"	Perigo à direita
Dualismo	Produz → Polo dinâmico / Polo estático ← Estimula	**Monismo**
Paradigma da espiritualização		Paradigma tecnocrático

O confronto entre os paradigmas da espiritualização e tecnocrático tem sua raiz na sua incapacidade de perceber a posição intermediária.

consegui entender isso. Por que sou confundido com aquilo que estou combatendo? Várias vezes respondi com uma pergunta não muito gentil: "O Senhor não prestou atenção no que eu acabo de dizer? Cite uma frase minha que comprove isso. O senhor não vai achar!" Partindo do meu próprio paradigma, eu tinha razão. Só que eu não percebia que os meus interlocutores também agiam de forma coerente com o seu paradigma quando desconfiavam de mim. Paradigmas diferentes são incompatíveis.

Quando tecnocratas ou defensores da espiritualização hostilizam a posição da bipolaridade do Desenvolvimento Natural da Igreja, estão apenas sendo coerentes com o seu próprio modelo. Quando consegui entender isso, os meus olhos foram abertos para a razão de tantas discussões sobre o desenvolvimento e edificação de igreja serem infrutíferos. Não poderia ser diferente enquanto estivermos discutindo de duas plataformas diferentes.

Uma revolução da mente

O que precisamos no cristianismo é de uma "revolução da mente". Conscientemente, não estou dizendo "revolução espiritual", pois, na maioria dos casos, o problema não está nessa esfera. O problema está nas pressuposições e pensamentos — pouco questionados — com que classificamos e interpretamos as nossas experiências espirituais.

**Capítulo 4:
Um novo paradigma**

Consequências teológicas

O paradigma do DNI está caracterizado por aquilo que vamos chamar de "princípio da reforma".

A estrutura que está na base de cada um dos três modelos descritos neste livro vai influenciar a resposta a praticamente todas as questões teológicas. No meu livro *Mudança de Paradigma na Igreja*, tentei mostrar que quase todos os grandes conflitos na história da igreja — mesmo as discussões de hoje — tiveram a sua origem na luta entre o monismo e o dualismo, entre o objetivismo e o subjetivismo, entre heteronomismo e autonomismo, entre tecnocracia e espiritualização. Em outras palavras, todos esses conflitos são uma guerra entre duas formas erradas de interpretação da fé cristã. E, se não chegarmos a uma mudança de paradigmas, teremos de conviver com esses conflitos até a volta de Jesus.

No quadro da página à direita está um resumo da minha pesquisa de alguns desses elementos na história eclesiástica e na história da teologia. Tanto no modelo dualista quanto no monista há uma lista de "ismos" (relativismo, separatismo, dogmatismo, clericalismo, etc.) que tão bem conhecemos dos debates teológicos. Observe que a estrutura fundamental do pensamento tecnocrático — o monismo na igreja — não se expressa somente na tecnocracia do crescimento de igreja. Também o dogmatismo, o sacramentalismo e clericalismo são, no final das contas, variações do procedimento tecnocrático-monista!

O "princípio da reforma"

Após uma análise mais aprofundada do quadro à direita, fica evidente que a abordagem do Desenvolvimento Natural da Igreja não é de maneira alguma teologicamente neutra. É inegavelmente supradenominacional (nem especificamente batista, nem pentecostal, ou luterana, etc), e pode ser aplicada a quase todas as tradições eclesiásticas. No entanto, isso não significa que seja neutro no sentido teológico. Parece-me que um dos grandes erros do movimento de crescimento da igreja tenha sido a tentativa de apresentar esse movimento como uma metodologia "ateológica".

O paradigma do DNI está caracterizado por aquilo que poderíamos chamar de "princípio da reforma", ou seja, todas as instituições são testadas sob o aspecto da sua utilidade para o desenvolvimento do polo dinâmico, ou seja para a igreja como um organismo. Essa é, exatamente, a lei fundamental para todo movimento de reforma. É possível demonstrar que quanto mais a igreja estiver aberta para o princípio da reforma — isso não significa uma concordância verbal com a tradição da reforma, mas a aplicação do princípio —

Desdobramentos de paradigmas diferentes

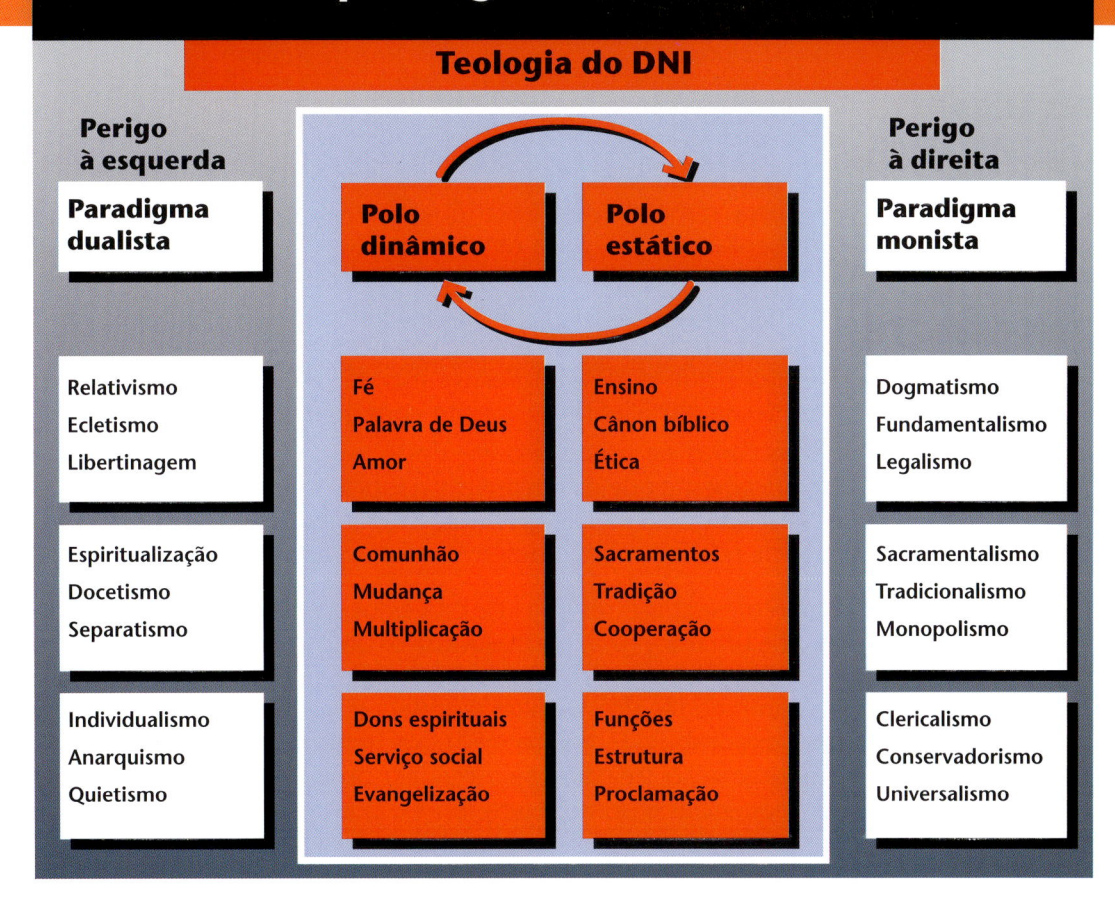

Teologia do DNI

Perigo à esquerda			Perigo à direita
Paradigma dualista	**Polo dinâmico**	**Polo estático**	**Paradigma monista**
Relativismo Ecletismo Libertinagem	Fé Palavra de Deus Amor	Ensino Cânon bíblico Ética	Dogmatismo Fundamentalismo Legalismo
Espiritualização Docetismo Separatismo	Comunhão Mudança Multiplicação	Sacramentos Tradição Cooperação	Sacramentalismo Tradicionalismo Monopolismo
Individualismo Anarquismo Quietismo	Dons espirituais Serviço social Evangelização	Funções Estrutura Proclamação	Clericalismo Conservadorismo Universalismo

tanto mais ela estará aberta para o Desenvolvimento Natural da Igreja. O oposto é igualmente verdadeiro. É impossível convencer uma pessoa desse modelo, se ela ainda estiver pensando e agindo de acordo com o paradigma tecnocrático ou com o paradigma da espiritualização. Para essa pessoa todos os argumentos espirituais, bíblicos e estratégicos irão falhar. Não pode ser diferente.

Não podemos nos iludir e pensar que é possível conquistar pessoas para o Desenvolvimento Natural da Igreja ao ensinar-lhes simplesmente o "como fazer". Enquanto o paradigma dessas pessoas não estiver em harmonia com esse modelo, não adianta dar as melhores orientações de como fazer. Poderia até ser contraproducente isolar algumas técnicas do Desenvolvimento Natural da Igreja e transplantá-las para o paradigma tecnocrático ou o paradigma da espiritualização!

O diagrama acima ilustra os efeitos dos três paradigmas sobre diversas questões teológicas.

Mais do que metodologia

Capítulo 4: Um novo paradigma
O que isso significa na prática?

A observação da igreja somente pela ótica quantitativa não é suficiente para representar sua dinâmica do crescimento.

Que consequências tem esse conceito aparentemente tão abstrato, a "bipolaridade", sobre o desenvolvimento da igreja?

No trabalho do meu instituto descobrimos logo que a observação da igreja somente pela ótica quantitativa, não é suficiente para representar sua dinâmica do crescimento. O papel milimetrado e as curvas de crescimento nos gráficos podem ser muito esclarecedores sobre o número de participantes nos cultos e ainda outros aspectos quantitativos, mas não nos ajudam muito quando o assunto é qualidade da igreja (a não ser que igualemos número elevado de participantes no culto com qualidade elevada).

Como vimos na primeira parte deste livro, é possível demonstrar empiricamente que o crescimento nas oito áreas que denominamos de marcas de qualidade, portanto crescimento qualitativo, tem influência positiva sobre o desenvolvimento da participação no culto.

Pensamento linear e pensamento circular

Para representar esses tipos de processos de crescimento precisávamos de um diagrama que integrasse os dois aspectos do nosso paradigma bipolar — qualidade e quantidade, pensamento orgânico e pensamento técnico. Se para representar o aspecto técnico a seta é um bom símbolo ("de A para B"), o símbolo que melhor representa o pensamento treinado pelo modelo orgânico é o círculo ("Que consequências o ponto B tem sobre o ponto de partida A?"). Tanto o paradigma tecnocrático quanto o da espiritualização cometem o erro de isolarem um dos dois aspectos, absolutizando um e excluindo o outro do seu modelo (veja quadro à direita acima).

No Desenvolvimento Natural da Igreja tentamos correlacionar os dois aspectos. Já vimos que o Novo Testamento, quando fala da igreja, conhece os dois pontos de vista. Por um lado está o aspecto técnico-arquitetônico (quando fala do *edifício* igreja) e por outro lado está o aspecto orgânico-dinâmico (*crescimento* da igreja). Como símbolo para a combinação dos dois aspectos escolhemos a espiral.

O que é uma "espiral de igreja"?

Nosso instituto desenvolveu a chamada "espiral de igreja" para facilitar a aplicação prática desse conceito. Ela integra o crescimento e a edificação, o aspecto orgânico e o técnico, a visão linear e a circular (veja quadro à direita abaixo; compare também págs. 43 e 51). A seta em espiral indica o crescimento quantitativo (participação nos cultos) e a faixa azul indica a intensidade com que cada marca de qualidade está presente na igreja. Se no aspecto qualidade (por

Pensamento linear e circular no desenvolvimento da igreja
A espiral como síntese

Capítulo 4:
Um novo paradigma

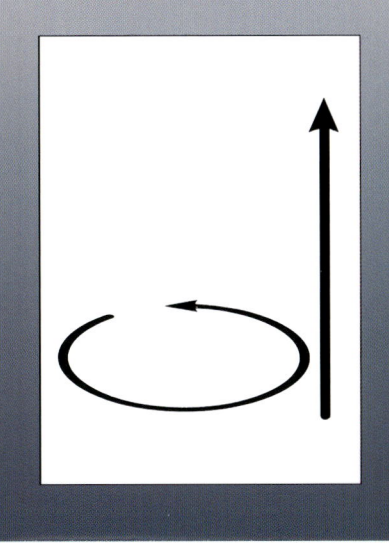

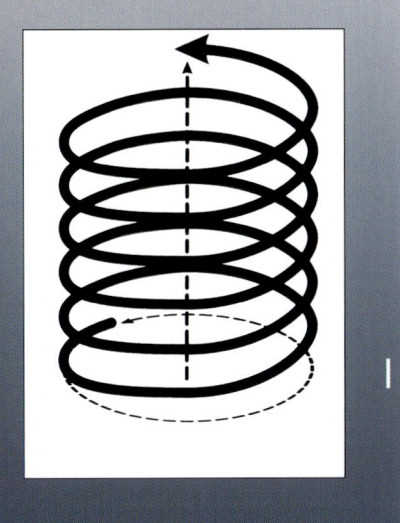

O diagrama à esquerda demonstra o pensamento linear e circular não relacionado. O diagrama à direita demonstra a espiral como um símbolo para a abordagem do DNI - uma síntese dos pensamentos linear e circular (ver pág. 125).

exemplo, estruturas, liderança, grupos pequenos, etc.) podemos trabalhar e "construir", no aspecto quantidade (número de participantes no culto) só podemos "deixar crescer". Não podemos produzir o crescimento quantitativo, mas podemos elevar o índice das oito marcas de qualidade por meio de medidas e iniciativas concretas.

Usamos esse gráfico há muitos anos para representar os resultados dos questinários do DNI. Depois de avaliarmos mais de 50.000 igrejas, nos cinco continentes, com base nesses critérios, pudemos estabelecer uma relação clara entre aspectos qualitativos e quantitativos no desenvolvimento de uma igreja. Quem está condicionado pela forma unidimensional tanto do modelo da espiritualização quanto do modelo tecnocrático terá dificuldades para entender essa dinâmica tão complexa.

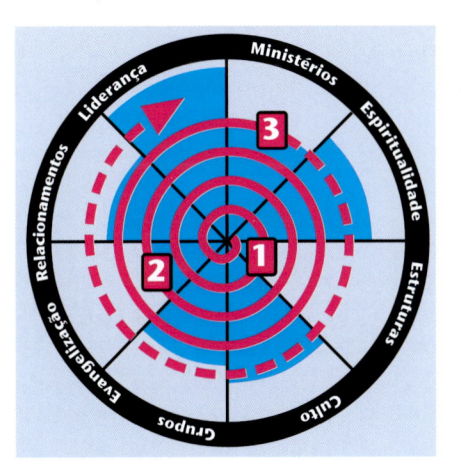

Ferramenta de análise da igreja

A espiral de igreja com base em uma igreja típica: as áreas azuis representam o desempenho de uma igreja nas oito marcas de qualidade, enquanto a seta em espiral mostra a evolução do número de participantes no culto (quantidade).

Capítulo 4:
Um novo paradigma

Podemos "fazer" uma igreja crescer?

Crescimento numérico é exatamente aquilo que não podemos produzir com os nossos esforços.

Provavelmente a questão mais debatida em torno do assunto do crescimento de igreja é se o crescimento pode ser produzido. Como seres humanos podemos "fazer uma igreja crescer? Talvez um pouco? Ou muito? Ou nada? Embora eu tenha lido milhares de páginas a respeito, ainda não encontrei uma única resposta satisfatória. Mas, se não tivermos clareza sobre essa questão, não há sentido em continuar a reflexão sobre os aspectos práticos do desenvolvimento da igreja.

É possível demonstrar que essa questão não tem solução enquanto tentarmos resolvê-la do ponto de vista tecnocrático ou com base no modelo da espiritualização. No contexto do paradigma do DNI, no entanto, o problema pode ser facilmente solucionado, pois o aspecto organizacional da igreja pode ser produzido sem maiores dificuldades, enquanto que o aspecto orgânico não pode ser produzido. Não há nenhuma "tensão dialética" aí e também não é necessário usar a "identidade paradoxal" para explicar esse modelo. Não há paradoxos; tudo é muito lógico e simples.

A resposta da espiritualização

Por que, então, todo esse alarido? Porque na maioria dos casos a discussão é monopolizada ou pelos tecnocratas ou pelos espiritualizantes (veja quadro ao lado). A pessoa que adota o modelo da espiritualização desassocia a igreja como organismo do seu aspecto institucional, e sempre dirá: "Igreja (como organismo) não pode ser produzida". Espiritualizantes extremos podem usar essa resposta para se reclinar na sua poltrona confortável da passividade.

Aqueles, no entanto, que de alguma forma sentem que isso não pode ser a verdade, permanecem firmes na sua resposta "A igreja não pode ser produzida", mas se propõem, mesmo que timidamente, a fazer alguma coisa. Tudo o que fazem, incluindo a sua motivação permanece obscuro, pois, segundo a sua concepção, a igreja não pode ser produzida. Já que os espiritualizantes não levam a reflexão teológica muito a sério, eles se consolam com considerações vagas sobre os "mistérios de Deus".

A resposta tecnocrática

O paradigma tecnocrático tem um ponto de partida diferente. Já que aqui a igreja é vista como organização, o tecnocrata deveria dizer com segurança: "É possível produzir a igreja". No entanto, à luz da Bíblia, ninguém tem coragem de expressar as coisas dessa forma. Mesmo que na prática se afirme, nesse modelo, que é possível produzir a igreja, na teoria afirma-se exatamente o contrário.

Capítulo 4: Um novo paradigma

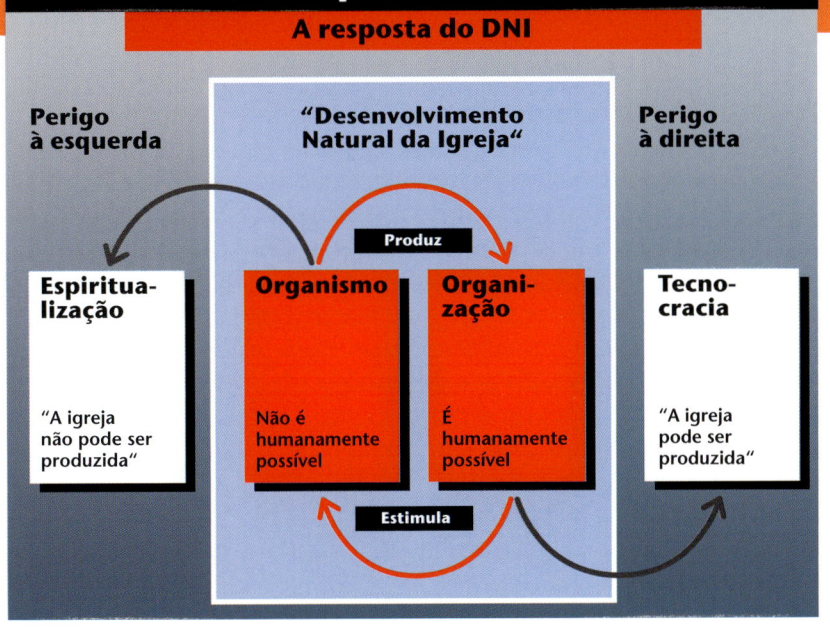

O que pode e o que não pode ser produzido?

A resposta do DNI

Perigo à esquerda

"Desenvolvimento Natural da Igreja"

Perigo à direita

Espiritualização — "A igreja não pode ser produzida"

Organismo — Não é humanamente possível

Produz

Organização — É humanamente possível

Estimula

Tecnocracia — "A igreja pode ser produzida"

As respostas dos três paradigmas diferentes à pergunta se é possível "fazer" uma igreja crescer.

E, no final das contas, tecnocratas e espiritualizantes estão falando a mesma coisa: "Não podemos fazer nada para o desenvolvimento da igreja — no entanto, temos de fazer algo!" Esse tipo de paradoxo pseudo-lógico resulta da tentativa de tentarmos conciliar modelos errôneos com a Bíblia.

O paradigma do DNI remove toda a necessidade desse tipo de dialética. Podemos nos basear nas palavras — nada paradoxais — com que Paulo fala da dinâmica entre a ação divina e a ação humana no trabalho no reino: "Eu plantei, Apolo regou; mas o crescimento veio de Deus" (1Co 3.6). Aqui se torna muito claro o que cada agricultor já sabe mesmo sem conhecer esse texto, ou seja, o que ele pode fazer e o que não. Ele pode plantar, regar e colher. O que ele não pode produzir é o crescimento. Mas ele sabe que o seu plantar e regar tem grande influência sobre a colheita esperada.

A conclusão para nós é que não podemos produzir o crescimento numérico da igreja. Portanto, devemos investir todos os esforços possíveis para que o polo institucional esteja em concordância com os princípios de Deus, pois assim o polo orgânico poderá se desenvolver de forma saudável e sem empecilhos. O Desenvolvimento Natural da Igreja tem essa estratégia como o seu fundamento.

A resposta do Desenvolvimento Natural da Igreja

Capítulo 4:
Um novo paradigma

Por que o pragmatismo leva a um beco sem saída?

Os pragmáticos querem saber como podem produzir bons frutos sem cultivarem uma boa árvore.

Na tabela à direita tentei representar as diferenças básicas entre o Desenvolvimento Natural da Igreja e o "pensamento clássico de crescimento de igreja". Já vimos que o DNI não está baseado sobre uma filosofia de trabalho "ateológica", mas sobre um paradigma de reforma. Já mencionamos também que no Desenvolvimento Natural da Igreja os objetivos são colocados no campo qualitativo e não no quantitativo. Nesse capítulo quero discutir um terceiro aspecto que diferencia os modelos citados e que está intimamente relacionado aos dois anteriores: o Desenvolvimento Natural da Igreja rejeita o procedimento meramente pragmático e coloca em seu lugar uma estratégia orientada por princípios.

Para podermos refletir criticamente sobre o pragmatismo, é necessário entender por que ele tem importância tão grande em todo o movimento de crescimento de igreja. É fácil chegar a uma resposta nessa questão, se observarmos o que tanto perturbava os defensores do crescimento de igreja: eles se posicionaram contra a ideologia presente no cristianismo em geral, de que não é necessário avaliar os frutos do trabalho da igreja. Algumas pessoas usaram o termo "pragmático", mas na verdade queriam dizer "não ideológico". Para o movimento de crescimento de igreja sempre foi fundamental perguntar pelos frutos, ou seja, submeter-se ao critério "Onde vai dar tudo que estamos fazendo?". E isso é bíblico. Jesus também nos ensinou a observarmos os frutos.

Seis perigos do pragmatismo

Mesmo assim, creio que a ideia de carimbar esse conceito de "pragmatismo" foi muito infeliz. Vou mencionar em seguida seis razões pelas quais acho que o pragmatismo não serve para a edificação da igreja.

Falta de princípios

1. Faz parte da essência do pragmatismo (palavra não inventada, mas adotada do mundo secular pelo movimento de crescimento da igreja) a rejeição de todo princípio. É claro que não podemos acusar autores cristãos que utilizam este termo de concordarem com essa posição, ainda mais em relação a princípios bíblicos. Mas por que então empregam um conceito que significa exatamente isso?

Absolutização do sucesso

2. No pragmatismo existe o perigo de que o sucesso se torne a norma teológica. No mundo secular isso seria expresso da seguinte forma: "Nada traz tanto sucesso quanto o sucesso". A variante cristã para esse lema seria: "Bom é aquilo que leva uma

Comparando filosofia, métodos e objetivos

Qual é a diferença?

Capítulo 4: Um novo paradigma

	Filosofia	Objetivos	Método
Pensamento clássico de crescimento de igreja	ateológico	quantitativo	pragmático
Desenvolvimento Natural da Igreja	princípio da reforma	qualitativo	orientado por princípios

A diferença entre o Desenvolvimento Natural da Igreja e outros modelos de crescimento da igreja pode ser observada claramente nas três áreas da "filosofia", "objetivos" e "métodos".

igreja a crescer numericamente. Se muitas pessoas se reúnem para o culto, isso é prova de que a igreja está na direção teológica correta." Não é difícil demonstrar que alguns autores do movimento de crescimento de igreja caíram nessa armadilha.

3. Pragmáticos perguntam sempre: "O que é mais útil nessa situação (acrescente: para o crescimento da igreja)?" Como já dissemos, essa pergunta é justificada e necessária. Só ideólogos pensam que não precisam se preocupar com isso. Mas o perigo no pragmatismo consiste no fato de que a resposta a essa pergunta só trata do que é mais necessário no momento. Pode ser, no entanto, que as medidas tomadas para darem bons efeitos na edificação da igreja a curto prazo, sejam contraproducentes a longo prazo.

Planejamento a curto prazo

4. Pragmáticos tendem a imaginar com a sua própria sabedoria o que é certo e errado para o reino de Deus. Com isso não percebem que a lógica de Deus segue leis diferentes. Os pragmáticos nem mesmo notam que querem ser mais inteligentes que Deus. Trabalhar de acordo com os princípios significa agir conscientemente de acordo com princípios bíblicos de crescimento comprovados empiricamente, e que, sabemos com certeza, terão efeitos positivos sobre o reino de Deus, mesmo que as aparências iniciais sejam contrárias. Nesse caso, os fins não justificam os meios. Os princípios de Deus são perfeitos.

Cegos para a lógica de Deus

Capítulo 4:
Um novo paradigma

Fruto artificial 5. O pragmatismo contradiz o princípio bíblico que diz que a árvore boa produz fruto bom (Mt 7.17). Ou seja, a árvore é boa e por isso produz fruto bom. Os pragmáticos, no entanto, querem saber como podem produzir bons frutos sem cultivarem uma boa árvore. Isso explica a sua tendência, e às vezes até a preferência, por frutos artificiais (que não necessitem de uma árvore sadia; basta ter uma fábrica eficiente). E o pior é que a existência dessas lindas frutinhas de plástico faz o pragmático concluir que deve haver uma árvore muito sadia por trás de todos esses frutos.

Oportunismo 6. O pensamento pragmático facilmente leva a um oportunismo que deve ser questionado do ponto de vista bíblico. Ser levado pela maioria, adaptar-se à "onda" do momento, implantar métodos de marketing manipulativos ou colaborar com sistemas políticos corruptos — tudo para o crescimento da igreja, é claro — são expressões do pragmatismo, só que oportunistas, pois o pragmatismo é, por definição, oportunista.

O Desenvolvimento Natural da Igreja não vive de acordo com o lema "Nada traz tanto sucesso quanto o sucesso". Igrejas bem sucedidas são aquelas que estão fundamentadas em princípios bíblicos bem definidos.

Capítulo 5

A Espiral de Crescimento do DNI

"Marcas de qualidade", "fator mínimo", "forças de crescimento" e "um novo paradigma" são os quatro pilares do Desenvolvimento Natural da Igreja, que respondem às quatro questões básicas do crescimento da igreja: o quê, quando, como e por quê. Nesta seção final do livro, gostaria de apresentar um processo de implementação que funciona independentemente do ponto de partida de sua igreja. Em vez de utilizar um processo linear (de A para B, e então para C), a implementação do DNI deve ser vista como um processo cíclico que, uma vez que um ciclo tenha sido concluído, este continua para o próximo nível mais alto, formando assim uma espiral de crescimento sem fim.

Capítulo 5: A espiral de crescimento do DNI

Informação, aplicação e transformação

> *A Bússola das 3 Cores procura comunicar a totalidade do ensinamento bíblico a respeito de um tópico específico, em vez de reduzi-lo a um aspecto específico.*

A *Bússola das 3 Cores* desempenha um papel central na maioria das ferramentas do DNI. Após a publicação de *Nós Diante da Trindade*, em 1999, A Bússola das 3 Cores tem permeado gradualmente todo o paradigma do DNI:

- Em *As 3 Cores dos seus Dons*, A Bússola das 3 Cores é aplicada à área dos ministérios baseados nos dons. Em vez de focar em apenas uma dimensão dos dons espirituais, o livro procura integrar as três dimensões, poder (azul), sabedoria (verde), e compromisso (vermelho).

- Em *As 3 Cores do Amor*, o objetivo da Bússola das 3 Cores é apresentar os ensinamentos bíblicos sobre relacionamentos marcados pelo amor fraternal (incluindo a justiça, a verdade, e a graça), ao invés de reduzi-los a simples romance novelístico.

- Em *Realce as Cores do seu Mundo com o Desenvolvimento Natural da Igreja*, A Bússola das 3 Cores é colocada no centro de todo o processo do DNI. Ela aponta para a relação entre as três dimensões que as cores comunicam e para todas as etapas do Desenvolvimento Natural da Igreja.

- *Neste capítulo* pretendo demonstrar como A Bússola das 3 Cores pode enriquecer a abordagem de implementação. Ao invés de utilizar técnicas comuns de gestão secular, quando da implantação, a Bússola oferece uma dinâmica verdadeiramente bíblica para o aumento dos frutos.

"Equilíbrio radical" como chave

Dentro do paradigma do DNI, as três cores foram escolhidas para simbolizar três dimensões diferentes de crescimento. A cor verde representa o nível de *informação*; a vermelha representa a *aplicação*; e a azul, *transformação* (veja diagrama na pág. 109). O objetivo do Desenvolvimento Natural da Igreja é manter todas as três dimensões em equilíbrio. No entanto, no contexto do paradigma do DNI o termo "equilíbrio" não deve ser confundido com mediocridade, ou seja, pouco compromisso para cada uma das três cores. Pelo contrário, o ensino bíblico aponta na direção do que poderíamos chamar de "equilíbrio radical": o maior empenho possível para todas as três dimensões.

Capítulo 5: A espiral de crescimento do DNI

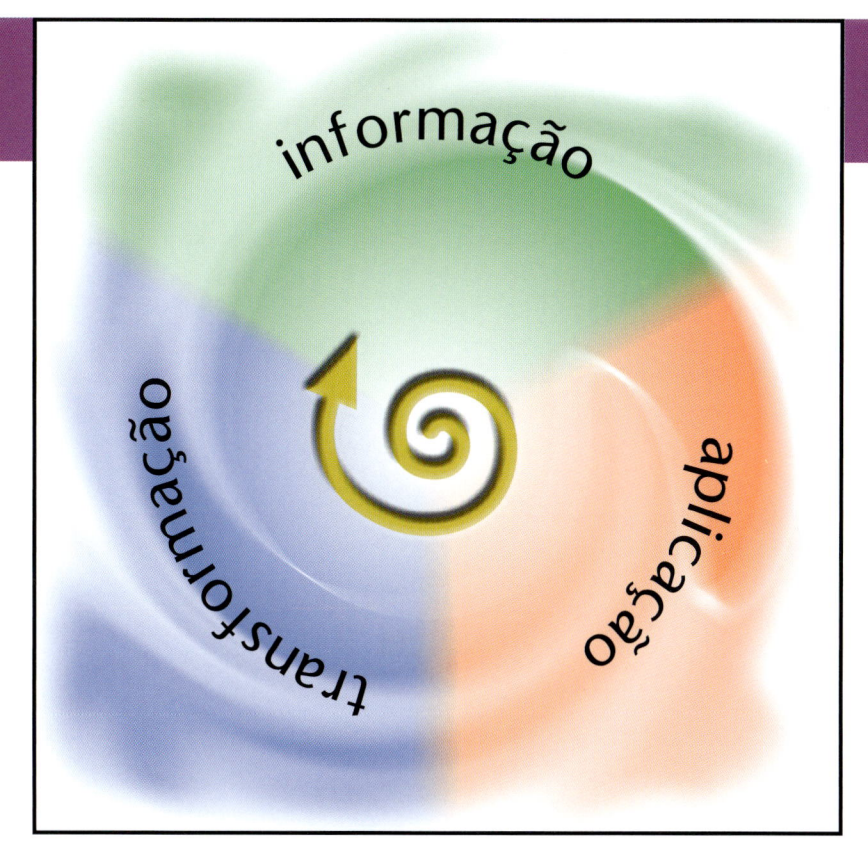

Dentro da Bússola das 3 Cores, a cor verde é identificada como símbolo de informação; a vermelha, para aplicação, e a azul, para transformação. O objetivo do DNI é trazer todos os três níveis ao equilíbrio.

As três seguintes características estão no cerne da Bússola das 3 Cores:

Três recursos centrais

1. Ela sempre procura comunicar o *todo do ensino bíblico sobre um tema específico*, e não apenas focar em um aspecto bíblico e, assim, passar por cima de outros aspectos que também podem ser encontrados nas Escrituras. Essa abordagem empresta o termo "equilíbrio" da sua especificidade bíblica.

2. Ela ajuda a identificar o *seu ponto de partida* relacionado com as três dimensões do tema em discussão. Naturalmente, estes pontos de partida diferem de situação para situação. Em vez de sugerir um procedimento padrão ("Todos nós temos de passar para o segmento azul ..."), a Bússola ajuda os indivíduos e as igrejas a começarem de onde se encontram e avançarem exatamente na direção em que mais precisam.

3. Assinala os *perigos* específicos que estão relacionados a cada uma das três cores. A melhor forma de evitar cair nessas armadilhas é se concentrar no crescimento da área de cor oposta à sua atual cor mais forte.

Capítulo 5: A espiral de crescimento do DNI
As seis fases do Ciclo

Cada fase do Ciclo corresponde a um princípio bíblico central em relação aos frutos. Estes princípios não são opcionais, eles são obrigatórios.

A Espiral de Crescimento do DNI foi desenvolvida principalmente pelo australiano Adam Johnstone. Por muitos anos ele trabalhou com inúmeras igrejas e denominações a fim de descobrir as melhores formas possíveis de implementação do Desenvolvimento Natural da Igreja como um processo a longo prazo. Em vez de oferecer planos de ação com fórmulas estáticas de passo a passo, as fases de execução individuais da Espiral de Crescimento do DNI são apresentadas em um formato cíclico. Esta mudança de um sistema linear para uma compreensão cíclica do ministério tem duas consequências importantes:

1. Ela permite que a sua igreja inicie o processo, independentemente do seu estágio atual. Isso significa que **uma igreja pode facilmente iniciar o processo na fase que melhor corresponda à sua situação atual** ou necessidade. Certamente uma entre as seis fases, resumidas no gráfico na página 111 (*Observação - Teste - Entendimento - Planejamento - Execução - Vivencia*), irá caracterizar melhor sua situação atual do que as outras. Inicie nesta fase e prossiga até a próxima fase dentro do ciclo. Embora eu tenha começado a descrição do ciclo com a fase "Observação", isso não significa que você deve iniciar o seu processo pela mesma fase.

2. Depois de ter completado um ciclo, **inicie o processo novamente**. Você logo perceberá que desta vez estará fazendo as coisas de maneira muito diferente da anterior, já que tanto você quanto a situação em que você está já se modificaram. Conforme for aplicando a espiral no seu ministério, você descobrirá que os ciclos individuais se tornam parte de um processo contínuo de crescimento qualitativo e quantitativo.

Princípios bíblicos centrais

Lembre-se que cada fase do Ciclo corresponde a um princípio bíblico central em relação aos frutos. Em outras palavras, não é realmente nossa escolha se queremos ou não implementar estes princípios. O ensinamento bíblico sobre todas as seis fases é muito claro e não é opcional, mas obrigatório.

Infelizmente, não é possível apresentar o embasamento bíblico completo de cada uma das fases neste livro. No entanto, Adam Johnstone está em processo de resumir suas ideias mais detalhadamente em um livro prestes a ser publicado.

Capítulo 5: A espiral de crescimento do DNI

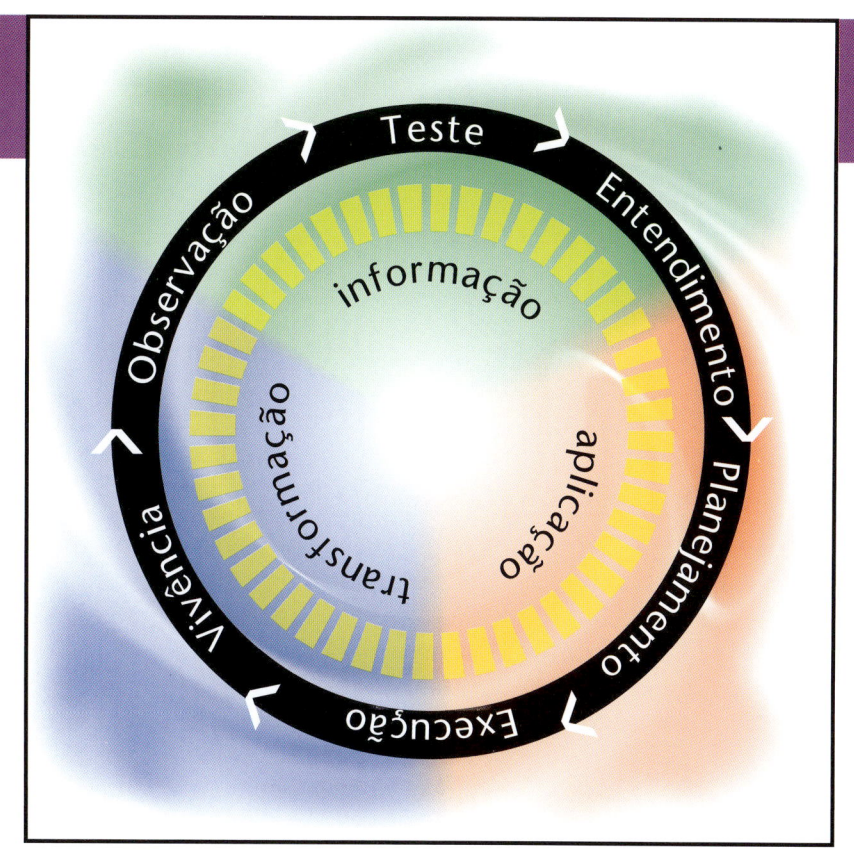

Ao lado representação gráfica das seis fases da Espiral de Crescimento do DNI. Descubra a fase que caracteriza seu ministério atualmente e inicie o processo com a próxima fase do ciclo. Quando o ciclo todo estiver completo, repita-o, desta vez em um nível superior.

O ensinamento da Bíblia acerca dos frutos, culminando com a ordem de Jesus: "Eu os escolhi para irem e darem fruto, fruto que permaneça" (Jo 15.16), é familiar a todos nós. No entanto, quando você olha para essas passagens da Bíblia a partir da perspectiva da Espiral de Crescimento que aumenta à medida que se move de ciclo para ciclo, os mesmos versículos com que você está tão familiarizado podem começar a comunicar algo surpreendente: o Plano Mestre para o crescimento espiritual é endereçado especificamente para sua igreja.

O plano de Jesus para o crescimento espiritual

A Espiral de Crescimento do DNI foi inspirada pelos ritmos naturais da vida. A vida cotidiana está cheia de ciclos: feriados, sábados, hora das refeições, hora de dormir, cultos semanais, etc. De forma semelhante, o Desenvolvimento Natural da Igreja possui ciclos diários, semanais, mensais, trimestrais e anuais. Enquanto o livro de Adam Johnstone irá descrever todos estes ciclos de aplicação em detalhes, meu objetivo nas páginas seguintes é focar exclusivamente na relação da Espiral de Crescimento para a implantação do DNI, sob o pressuposto de que um ciclo completo corresponde a um período de doze meses.

Os ritmos naturais da vida

Capítulo 5: A espiral de crescimento do DNI

A fase de Observação

Nesta fase, tenha cuidado para não avaliar suas percepções.

Lembre-se que cada igreja terá seu próprio ponto de partida. No entanto, para fins didáticos, neste livro vou começar o ciclo pela fase de Observação.

Tenho percebido que, em muitas situações, é relativamente fácil entrar no ciclo nesta fase. Comece por fazer as perguntas: Como você compreende sua igreja? O que você vê? O que você observa? Encoraje os membros a relacionarem o que têm observado com o que têm realmente *experimentado* (ver fase anterior) dentro de sua igreja.

Ainda não é a hora de avaliar

Não adiante demais o processo, nesta fase ainda não é a hora de avaliar suas percepções. Você ainda não deve perguntar o quanto sua igreja é bíblica, saudável, inovadora, ou quão eficaz. Não pergunte se a sua percepção é boa ou ruim, se é o resultado da atividade humana ou divina, ou se é objetivamente acessível ou puramente subjetiva. Todas estas questões são pertinentes, de fato, extremamente relevantes, mas elas serão respondidas em outras fases, não aqui. Ao reduzir o seu foco apenas para a observação de suas experiências, você está abrindo-se a uma experiência em potencial de aprendizado de Deus. Veja que esta

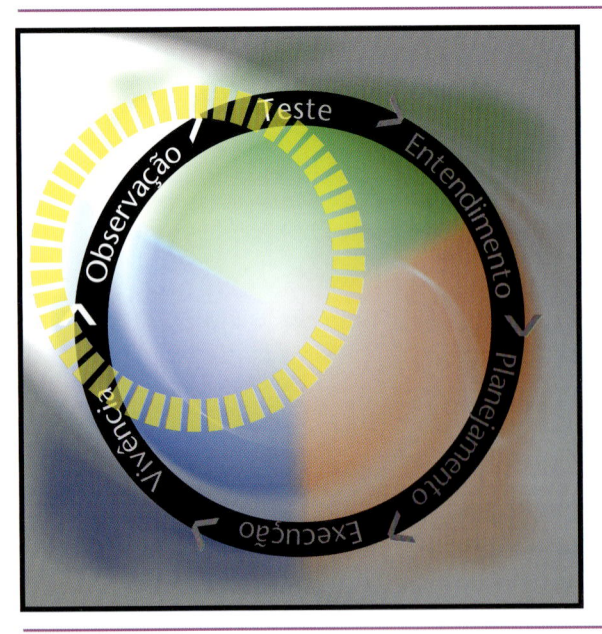

Concentre-se na fase da Observação: embora esta dimensão seja, segundo as Escrituras, uma parte indispensável da vida cristã, ela precisa estar em equilíbrio com as outras fases do ciclo. Se isso não acontecer, o foco principal, se não exclusivo, irá se tornar experimentação, observação e testes. Mesmo que você seja sensível às coisas que Deus está fazendo, provavelmente encontrará dificuldades para tirar conclusões concretas e, como consequência, desenvolver planos que permitam novas ideias se enraizarem na vida real. A única maneira de aprofundar suas percepções e observar a evolução é primeiro completar um ciclo inteiro e depois começar um novo.

Capítulo 5:
A espiral de crescimento do DNI

fase está localizada no início do segmento verde da Bússola das 3 Cores, cor em que as ideias criativas tipicamente nascem. A fase da Observação conecta o espaço entre Experiência e Teste, entre a área afetiva (azul) e a reflexiva (verde) da Bússola das 3 Cores.

Para alguns de nós, não é com naturalidade que seremos capazes de tirar o máximo proveito desta fase. Talvez precisemos desenvolver a disciplina de ter tempo para parar, colocar nossos planos correntes em espera e refletir com a mente aberta sobre as experiências de ministério. Um retiro pode ser a opção ideal para a realização desta fase. Se você planeja um evento como esse, não cometa o erro de bombardear os participantes com toneladas de informação. A fase da Observação não é o tempo para se familiarizar com os resultados da pesquisa do Desenvolvimento Natural da Igreja. Você deve tomar cuidado até com como você usará a Bíblia neste momento. Não se detenha em como você, como igreja, *deve* pensar ou agir. Sem dúvida, a preocupação bíblica é um elemento essencial, mas isso não deve ser tratado nesta fase. Se você mantiver sua atenção em como as coisas *deveriam* ser, automaticamente se tornará menos sensível para perceber *o que realmente acontece* ao seu redor, seja isso positivo ou negativo.

A necessidade de parar

Encoraje os membros da igreja a compartilhar suas impressões e sentimentos sobre sua igreja. Enfatize que é absolutamente normal que indivíduos tenham percepções diferentes. Não permita que as pessoas critiquem umas às outras devido às diferentes percepções. Se você for o líder, tome muito cuidado para evitar esse tipo de armadilha em relação a si mesmo (por exemplo, "Como vocês podem dizer isso sobre o seu pastor! Sempre fiz meu melhor para servir esta Igreja!"). Quando for ouvir às opiniões individuais, assuma uma atitude de ouvinte, e não de avaliação ou crítica.

Observando diferentes percepções

Se você quiser aprofundar o seu conhecimento bíblico desta fase, faça uma busca pela palavra "ver" tanto no Antigo quanto no Novo Testamento. Isso irá ajudá-lo a compreender (1) como esta fase é indispensável e (2) que ela deve estar em equilíbrio com as outras fases. A Observação, por si só não conduz necessariamente ao Entendimento ou à Execução, mas é um passo necessário no qual as outras fases são construídas e do qual podem se beneficiar.

Aprofundar o seu conhecimento bíblico

Capítulo 5:
A espiral de crescimento do DNI

A fase de Teste

O ponto essencial da fase de Teste é perguntar onde estão os frutos.

Considerando que a fase de Observação é altamente subjetiva, a fase de Teste irá ajudá-lo a obter uma visão mais objetiva. O princípio bíblico por trás desta fase é responder à pergunta: Onde estão os frutos? A fase de teste pode ocorrer de várias maneiras diferentes, mas o princípio não pode ser ignorado.

A fase de Teste é a mais apropriada para levantar o Perfil do DNI. Quando os membros forem responder ao questionário do Perfil, o farão com suas percepções individuais de forma *subjetiva* sobre sua igreja. Essas percepções são, então, relacionadas com os princípios universais, em comparação com um padrão nacional, e transformadas em resultados objetivos, fornecendo informações confiáveis e úteis para a realização de todas as fases subsequentes. Esse tipo de objetividade evita que entremos em um ciclo interminável de execução de ideias que somente nós julgamos adequadas, sejam elas nossas mesmas ou advindas de outra pessoa.

O oposto de executar

A fase de Teste está localizada do lado oposto à fase da Execução do ciclo do DNI. Isso implica em descontinuar a participação ativa na igreja local e em avaliar objetivamente o estado atual da igreja.

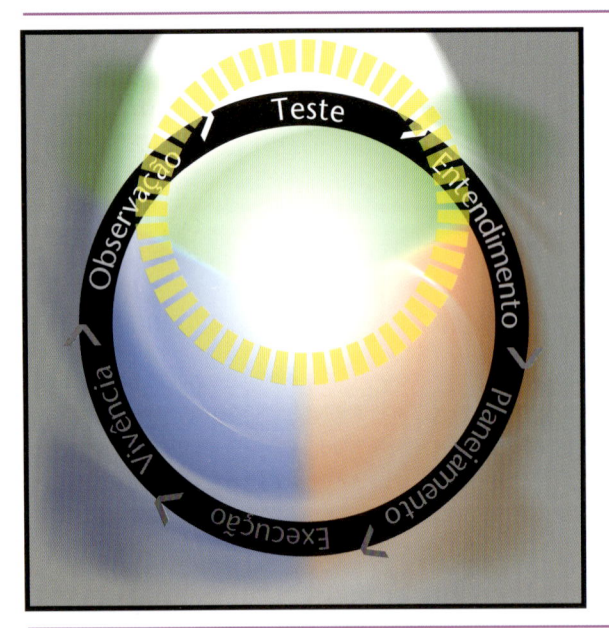

Concentre-se na fase de Teste: embora esta dimensão seja, segundo as Escrituras, uma parte indispensável da vida cristã, ela precisa estar em equilíbrio com as outras fases do ciclo. Se isso não acontecer, o foco principal, se não exclusivo será a observação, teste e entendimento. Você pode ser bom no desenvolvimento de teorias e em sua verificação com as perguntas certas, mas a menos que algo prático seja feito com o seu conhecimento, você corre o risco de simplesmente reciclar de velhas teorias. Apenas passando repetidamente por todo o ciclo, você vai descobrir que a fase de Teste revela cada vez mais os frutos em seu ministério..

Capítulo 5:
A espiral de crescimento do DNI

Um exemplo de perfil

Liderança	65
Ministérios	51
Espiritualidade	60
Estruturas	41
Culto	60
Grupos	67
Evangelização	44
Relacionamentos	56

Perfil da igreja: Maio 2008

Mudanças após um ano

	5/92	4/93
Liderança	1	+1
Ministérios	2	+8
Espiritualidade	3	−6
Estruturas	4	+14
Culto	5	+3
Grupos	6	+1
Evangelização	7	+2
Relacionamentos	8	−3

Perfil da igreja: Maio 2008 e Abril 2009

Tendências positivas e negativas

1: 1, 2: 8, 3: −6, 4: 14, 5: 3, 6: 1, 7: 2, 8: −3

Mudanças nas oito marcas de qualidade

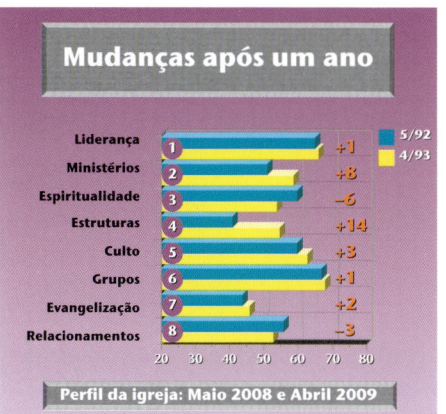

Cada vez que sua igreja levantar o Perfil da Igreja, você receberá uma representação gráfica do índice de qualidade para cada uma das oito marcas, conforme exemplo na página ao lado. Como são obtidas essas informações? Trinta membros da igreja preenchem um questionário detalhado. Suas respostas são então comparados com o cerca de 170 milhões de respostas diferentes que foram acumulados até o momento. Esta comparação fornece resultados muito confiáveis, sem os quais o Perfil seria pouco mais do que um prolongamento da fase de Observação e, portanto, não adequado para testar a qualidade de sua igreja.

Levantar o Perfil se torna muito motivador quando isso é feito regularmente. Apesar de um resultado do Perfil individual fornecer uma visão geral da situação atual de sua igreja, a comparação com vários Perfis permite que você veja as mudanças em cada uma das oito áreas, sejam elas positivas ou negativas. Isso ajuda você a avaliar os frutos de suas atividades conforme sua última volta no ciclo. Destaca também o que deu certo e o que deu errado em seus esforços para aumentar a qualidade de sua igreja. Esta informação é essencial se você espera modificar suas futuras atividades.

Este gráfico se concentra exclusivamente na diferença entre os dois levantamentos. É fácil verificar que, entre os dois últimos resultados, a qualidade aumentou em seis das oito áreas e diminuiu nas duas áreas restantes (espiritualidade contagiante e relacionamentos marcados pelo amor fraternal). Sem fazer o levantamento do Perfil de forma regular, este tipo de informação é difícil ou mesmo impossível de conseguir. São, no entanto, informações extremamente valiosas para qualquer processo de planejamento. Na página 128, você encontrará mais informações sobre como levantar o Perfil do DNI no Brasil.

Capítulo 5: A espiral de crescimento do DNI

A fase de Entendimento

> *Planejamento sem entendimento é como realizar um tratamento médico sem antes saber o diagnóstico.*

A fase de Teste deve levar ao entendimento, mas isso não acontece de forma automática. A fase de Entendimento é o próximo passo lógico a ser tomado, e deve levar pelo menos o mesmo tempo que a fase de Teste.

É importante não pular das fases de Observação e Teste diretamente para a fase de Planejamento. Iniciar um processo de planejamento sem entendimento é como realizar um tratamento médico sem antes saber o diagnóstico. Todas as fases seguintes, incluindo as de Execução e Vivência serão prejudicadas se você pular a fase de Entendimento, e quando você fizer seu próximo teste, as deficiências aparecerão.

A fase de Entendimento reúne, processa, compara e avalia informações recolhidas das fases de Teste e Observação, além de questionar a fundo a situação atual: Por que é dessa maneira? Que decisões anteriores, paradigmas, concepções errôneas, preconceitos, processos de aprendizagem, experiências espirituais, crises, etc., contribuíram para chegarmos onde estamos?

> *Entre a área verde e a vermelha*

Na Bússola das 3 Cores, a fase de Entendimento está localizada na fronteira entre a área verde (informação) e a vermelha

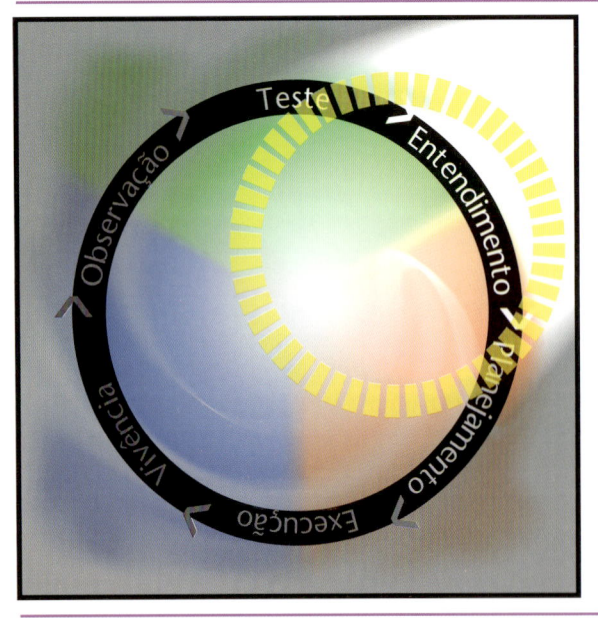

Concentre-se na fase de Entendimento: embora esta dimensão seja, segundo as Escrituras, uma parte indispensável da vida cristã, ela precisa estar em equilíbrio com as outras fases do ciclo. Se isso não acontecer, o foco principal, se não exclusivo, será o teste, o entendimento e o planejamento. O conhecimento que já foi uma de seus maiores forças encontra-se em risco de permanecer estático e obsoleto. Você pode até mesmo ficar inclinado a posicionar-se contra os cristãos que se concentram no lado experimental. Apenas completando todo o ciclo várias vezes você poderá vir a crescer continuamente em conhecimento e entendimento.

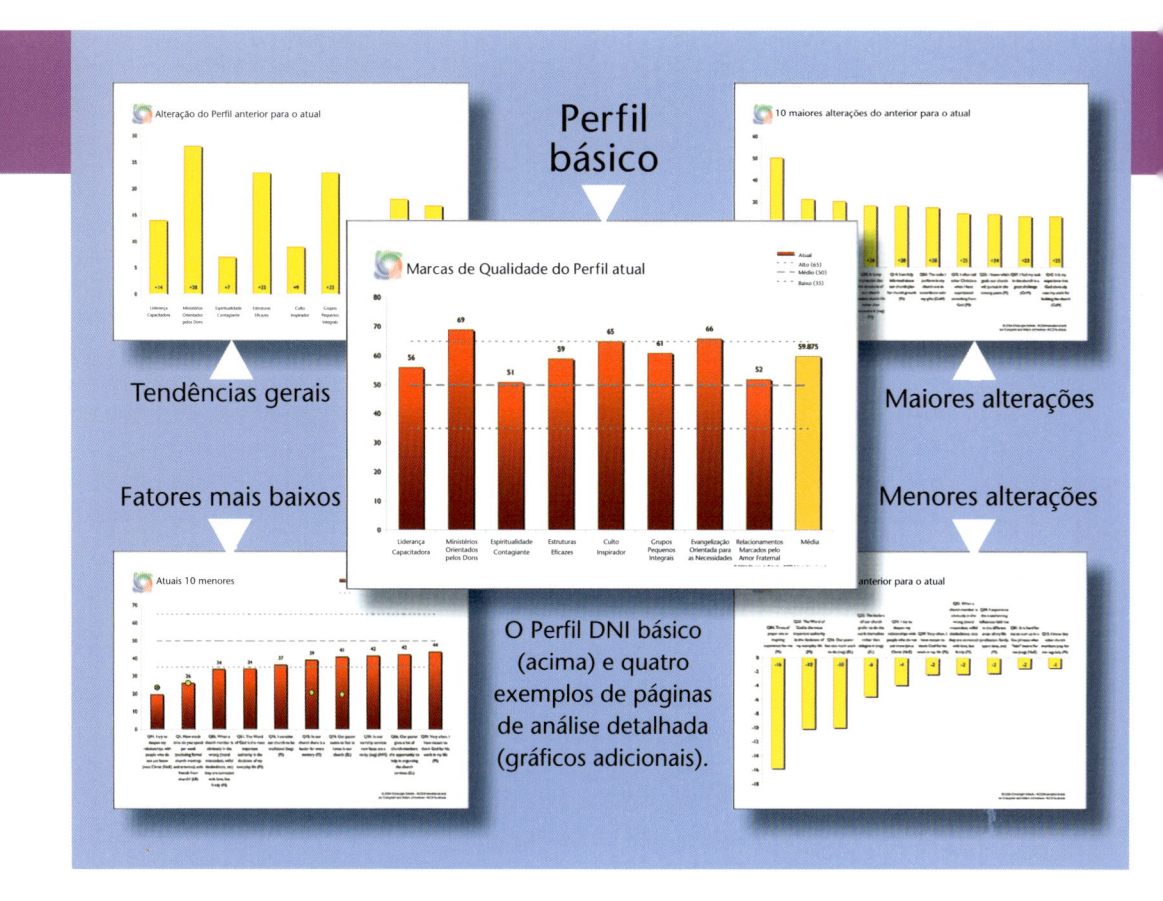

O Perfil DNI básico (acima) e quatro exemplos de páginas de análise detalhada (gráficos adicionais).

(aplicação), e compila toda a informação recolhida a fim de torná-la útil para aplicação prática. Enquanto as barreiras ao crescimento revelam-se na fase da Vivência, é na fase do Entendimento que descobrimos *por que* surgem.

As Escrituras lidam com a essência desta fase quando se fala de conhecimento, ao ser tratado tanto positiva quanto negativamente. Sempre que o conhecimento é avaliado sob um prisma negativo, é bastante provável que o conceito de conhecimento que está sendo apresentado seja aquele em que este "conhecimento" é isolado das outras fases do ciclo. No entanto, a essência do ideal bíblico de conhecimento é diferente: nunca é o conhecimento em prol do próprio conhecimento. Em vez disso, ele inclui a obediência à vontade de Deus expressa através de ações práticas.

Enquanto a base do Perfil do DNI retrata a situação atual, uma análise detalhada ajuda você a entender melhor os resultados.

A fim de auxiliar a movimentação da fase de Teste para a fase de Entendimento, uma análise detalhada do Perfil do DNI pode ser útil. Embora o perfil básico retrate a situação atual, uma análise detalhada ajuda a identificar as causas que levaram a essa situação.

O benefício de uma análise detalhada

Capítulo 5: A espiral de crescimento do DNI

A fase de Planejamento

A fase de Planejamento diz respeito a separar o que bom do que é melhor.

Enquanto a fase de Entendimento ajuda a discernir o certo do errado, a fase de Planejamento ajuda a separar o que é bom do que é melhor. É sabido que *todas* as marcas de qualidade são importantes para uma igreja experimentar saúde a longo prazo. No entanto, ao planejar as próximas etapas você irá direcionar seu foco para as áreas que *mais* necessitam de atenção. Planejamento requer que tomemos decisões sobre quais das várias boas opções devem ser implementadas. Isto está em sintonia com o conceito bíblico de planejamento, que também pode ser entendido como "preferir", "querer", "escolher", ou "decidir". Isso implica uma decisão da vontade.

Duas áreas de Planejamento

Embora este conceito de planejamento seja válido para todas as áreas da vida, dentro do Ciclo do DNI a fase de Planejamento tem duas preocupações principais:

1. Definir **metas qualitativas** para o desenvolvimento futuro da igreja. Na página 46 do presente livro é abordado o processo de estabelecimento de metas qualitativas, em oposição à definição de metas quantitativas.

2. **Remover os obstáculos** ao crescimento, incluindo obstáculos à implementação das metas qualitativas que acabam de ser definidas.

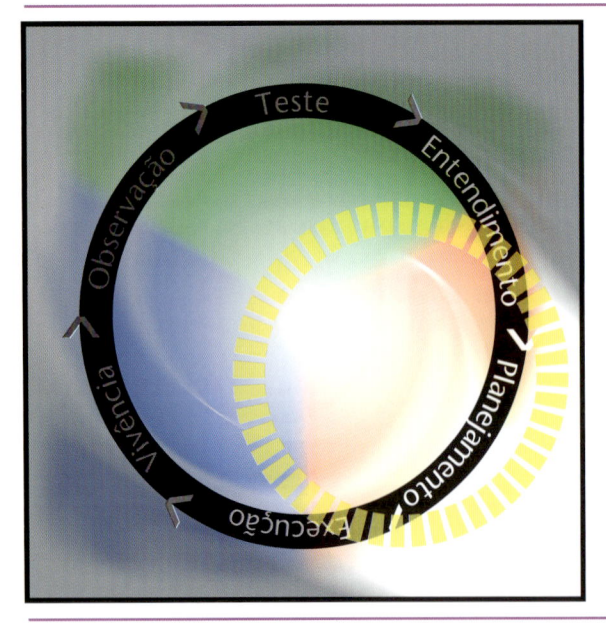

Concentre-se na fase de Planejamento: embora esta dimensão seja, segundo as Escrituras, uma parte indispensável da vida cristã, ela precisa estar em equilíbrio com as outras fases do ciclo. Se isso não acontecer, o foco principal, se não exclusivo, será o entendimento, o planejamento e a execução. Você pode ser bom na avaliação de informações disponíveis, em fazer planos e realizá-los, mas se tem deficiências nas áreas de vivências, percepção e análise, suas atividades não serão capazes de realizar seu pleno potencial. Apenas completando todo o ciclo várias vezes você poderá esperar que o seu planejamento seja cada vez mais focado conforme a vontade de Deus para o seu grupo.

Capítulo 5:
A espiral de crescimento do DNI

Em geral, na fase de Planejamento não devemos nos preocupar em fazer mais, mas sim, reduzir as atividades existentes. O objetivo do DNI é focar nos planos que são mais promissores para o desenvolvimento futuro da igreja. Em muitos casos, isso significa que tanto pastores quanto membros da igreja devem ser liberados de inúmeras tarefas menos importantes, a fim de ganhar tempo e energia para focar nas responsabilidades mais cruciais.

Reduzir as atividades existentes

Seja o aumento ou a redução das demandas de atividades cuidadosamente planejadas, em ambos os casos grandes resistências precisarão ser superadas. Quanto mais energia foi investida nas fases de Teste e Entendimento, maior é a probabilidade que você seja capaz de enfrentar esses obstáculos com sabedoria.

O DNI Internacional desenvolveu várias ferramentas que são orientadas para o aumento da qualidade da igreja em cada uma das oito marcas de qualidade. Essas ferramentas são chamadas de *Recursos de Discipulado do DNI*. Todas elas colocam a Bússola das 3 Cores no centro e são direcionadas para a aplicação dos princípios do DNI da forma mais consistente possível.

Utilizando ferramentas do DNI

É claro que você não precisa usar essas ferramentas para implementar o Desenvolvimento Natural da Igreja. No entanto, dentro da fase de Planejamento seria importante dar pelo menos uma olhada nelas a fim de decidir se poderiam ou não ser utilizadas. Contate o Consultor do DNI no Brasil para descobrir se essas ferramentas estão atualmente disponíveis (ver pág. 128).

É impressionante a frequência com que a Bíblia fala sobre planejamento, especialmente na chamada "literatura de sabedoria". O lema deste ensinamento pode ser resumido da seguinte forma: planos humanos serão um sucesso se corresponderem a atos sábios, se não, eles falharão. Traduzido para as categorias da Espiral do Crescimento, podemos expressá-lo assim: nossos esforços de planejamento deve ser acompanhados de outras fases do ciclo de modo a dar frutos duradouros. Além de seus ensinamentos sobre planejamento humano, as Escrituras falam também sobre os planos de Deus. A principal diferença, no entanto, é esta: tudo que Deus planeja, acontece. Até onde nossos planos dizem respeito, esse não é o caso. Devemos sempre nos lembrar de passar da fase de Planejamento para o próximo ponto em nosso ciclo: a fase de Execução.

O Planejamento na Bíblia

Capítulo 5: A espiral de crescimento do DNI

A fase de Execução

A perseverança em praticar a Palavra é característica da fé cristã vivamente orientada.

"Praticando a verdade"

A Bíblia continuamente nos lembra para sermos "praticantes" da Palavra: "Não apenas ouvintes [da Palavra], enganando-se a si mesmos." (Tg 1.22). Esta não é apenas uma das muitas frases do ensino de Tiago, mas um resumo bem elaborado de todos os seus escritos. O próprio Jesus encerrou o ensino sobre os frutos com as palavras: "Portanto, quem ouve estas minhas palavras e as pratica é semelhante a um homem prudente que edificou a sua casa sobre a rocha" (Mt 7.24). Ele sabia muito bem que o desejo humano, como demonstrado na fase de Planejamento, não necessariamente resulta em atitudes (fase de Execução). Mais frequentemente do que se imagina, desejos e ações se contradizem.

Esta insistência em "praticar a palavra" e "praticar a verdade" (Jo 3.21) não é, de modo algum, uma questão secundária na Bíblia. Pelo contrário, é característica da orientação pró-ativa da fé cristã que se concentra na transformação do mundo. A fé se torna visível através de nossas ações. Aqueles de nós que de maneira correta salientam o critério da verdade devem ser constantemente lembrados de que "praticar a verdade" é o cerne do ensinamento bíblico sobre a verdade. Mesmo sendo bastante ortodoxos naquilo em que cremos, se não colocarmos a fé em prática, a qual se torna visível nos frutos,

Concentre-se na fase de Execução: embora esta dimensão seja, segundo as Escrituras, uma parte indispensável da vida cristã, ela precisa estar em equilíbrio com as outras fases do ciclo. Se isso não acontecer, o foco principal, se não exclusivo, será o planejamento, a execução e a vivência. Atividades que resultam em experiências positivas estão em perigo de se tornar um fim em si mesmas, se não forem alinhadas continuamente com a vontade de Deus para o momento. Apenas completando todo o ciclo várias vezes, você aumentará sua consciência do que precisa ser feito, quando precisa ser feito, e sua capacidade de fazê-lo.

Capítulo 5:
A espiral de crescimento do DNI

não estaremos vivendo na verdade.Visto desta perspectiva, uma ferramenta como o Perfil do DNI pode ser vista como um instrumento para nos ajudar a analisar até que ponto estamos vivendo na verdade. A sua igreja acredita plenamente na doutrina da Trindade, mas tem uma classificação extremamente baixa na área dos relacionamentos marcados pelo amor fraternal? Ao se aplicar os padrões bíblicos, este seria um forte motivo para levantar sérias dúvidas sobre sua ortodoxia. Não é necessário dizer que a fase de Execução não expressa toda a mensagem bíblica. Ela deve ser complementada por outras fases do ciclo de modo a refletir o equilíbrio que encontramos nas Escrituras. Aqueles que exclusivamente direcionam o foco para o fazer, às vezes em uma atitude fortemente negativa em relação a outras fases do ciclo, não podem justificar sua perspectiva pela Escritura.

A Bíblia nos ensina repetidamente que nossas ações devem ser focadas em um objetivo específico: o crescimento do Reino. Não existe uma bênção na obra como um fim em si mesmo. Nossos atos são sempre uma expressão de nossa obediência ou desobediência a Deus. Paulo afirmou isso muito claramente: "Assim, quer vocês comam, bebam ou façam qualquer outra coisa, façam tudo para a glória de Deus" (1Co 10.31). **Concentre-se em atingir metas**

Todos nós temos experimentado que o trabalho nem sempre é somente alegria, ele também pode se tornar um fardo. E para muitos cristãos, este é o caso. Minha observação pessoal sobre isso é de que na maioria dos casos em que isso aconteceu, foi resultado de ter isolado a fase de Execução em detrimento das outras fases do ciclo. As pessoas estão tão preocupadas em gastar uma quantidade impressionante de energia em fazer as coisas que não têm tido o tempo suficiente para as fases de Vivência, Observação, Teste, Entendimento e Planejamento, e as consequencias frequentes dessa abordagem são esgotamento mental, físico e espiritual.

No entanto, quando você visualiza a fase de Execução como sendo apenas uma das partes do ciclo, verá seu trabalho sob nova ótica. Você irá perceber que ser "unilateral" por um tempo, irá lhe auxiliar a manter o foco naquilo que precisar ser feito. Se continuar com uma parcialidade similar quando entrar nas outras fases do ciclo, o resultado será exatamente esse tipo de "equilíbrio radical" que está na base da Bússola das 3 Cores (ver pág. 108). **Apenas uma parte do ciclo**

Capítulo 5:
A espiral de crescimento do DNI

A fase de Vivência

Se você quer crescer na área da vivência, deixe de lado todo o seu conhecimento, por um tempo.

No contexto do meu ministério conheci muitas pessoas maravilhosas. Muitas delas estão interessadas em encontrar-se comigo por causa de seu interesse no DNI. Elas são muitas vezes pessoas extraordinárias na maneira de *perceber* as coisas. Elas gostam de pensar criticamente para testar a si e aos outros. Sua *compreensão* dos processos espirituais muitas vezes é bem superior à minha, pois são dotadas de *planejamento* estratégico. Essas pessoas gostam de fazer coisas práticas para o Senhor. No entanto, se existe uma fase com a qual elas têm grande dificuldade, é esta: a fase de Vivência. Conheci cristãos comprometidos, que não têm a menor ideia do que significa esta fase. Em uma ocasião, me disseram que deveríamos apagar esta fase da nossa lista, pois não era prática nem suficientemente controlável.

Estes indivíduos, tendo completado um planejamento bem elaborado (fase de Execução), gostariam de passar diretamente para a fase de Teste ou pelo menos para a fase de Observação. Mas por que "desperdiçar nosso tempo" com algo tão inútil quanto a fase de Vivência?

Passado, presente e futuro

Cada um dos três segmentos de cor da Bússola das 3 Cores tem afinidade com uma das três fases de tempo: passado, presente e futuro. A fase de Teste (segmento verde) refere-se principalmente

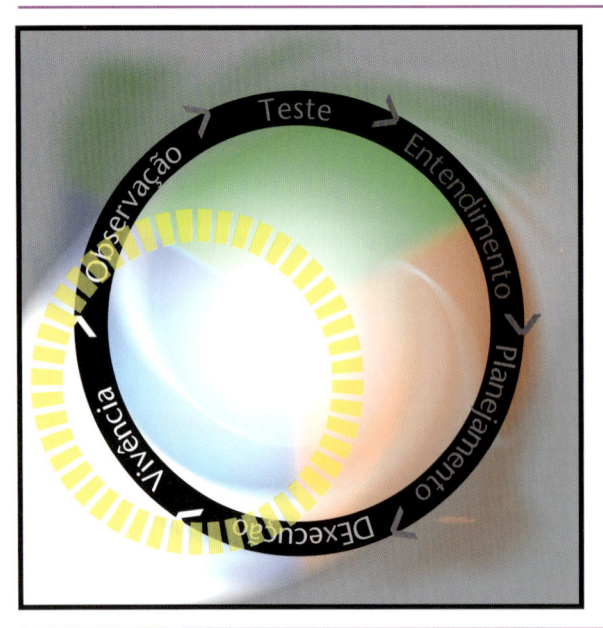

Concentre-se na fase de Vivência: embora esta dimensão seja, segundo as Escrituras, uma parte indispensável da vida cristã, ela precisa estar em equilíbrio com as outras fases do ciclo. Se isso não acontecer, o foco principal, se não exclusivo, será a execução, a vivência, e a observação. Suas atividades refletem o que você acredita que Deus quer que você faça, sem testar essa crença em relação aos princípios universais de Deus, compreendendo novos processos que precisam de ser lançado e planejando-os estrategicamente. A única forma de se aprofundar em suas experiências será pela repetição e finalização do ciclo.

Capítulo 5:
A espiral de crescimento do DNI

à avaliação das experiências do passado, enquanto o foco da fase de Planejamento (segmento vermelho) procura preparar o futuro. A fase de Vivência, no entanto, o segmento azul, é a fase que depende da nossa habilidade de viver completamente no presente.

Algumas pessoas não têm a menor dificuldade com isso, por estarem totalmente focados no presente. Para estes indivíduos, seria benéfico se pudessem também direcionar sua atenção para o passado e o futuro, os polos opostos de seu ponto forte atual. No entanto, existem outros cristãos que não sabem como viver no presente. Alguns "vivem", quase que exclusivamente, no passado, enquanto outros quase que exclusivamente, no futuro, mas em ambos os casos, eles são incapazes de perceber que a única maneira de se estar realmente "vivo" é estando no presente. Essas pessoas sabem muito sobre a vida, mas não sabem como viver.

Se você quer crescer na área de vivência, deixe de lado todo o seu conhecimento, por um período. Não pense sobre o desenvolvimento futuro de sua igreja. Não se concentre demais nos resultados do Perfil do DNI. Esqueça os obstáculos ao crescimento da sua igreja. Permita que os seus sentidos percebam tudo que está ao seu redor no presente momento.

A vida em abundância

Esta fase está fortemente entrelaçada com a "vida abundante" que Jesus prometeu a seus seguidores: "Eu vim para que tenham vida e a tenham em abundância" (Jo 10.10). O termo grego para "abundância", *perissos*, significa literalmente abundância, riqueza, algo excessivo. É interessante notar que muitos dos gregos que usaram este termo o fizeram em um sentido negativo como "excessivo", "desnecessário", "extremo". Aqueles que têm dificuldades com a fase de Vivência são suscetíveis em encontrar a mesma dificuldade com a vida abundante que Jesus nos prometeu, que não consiste apenas em planejamento, funcionamento e avaliação, como muitos gregos fizeram.

A vida é uma festa

Em Israel, a palavra "vida" era sinônimo de saúde e felicidade. Alguém que viesse a se recuperar de uma doença, poderia ser considerado "retornando à vida". Por outro lado, uma vida longe de Deus poderia ser chamada de "morte" (Lc 15.24-32). O objetivo do processo completo do DNI é restaurar a saúde de nossa igreja. É um processo que literalmente trará vida para a igreja. E vida é uma festa. Não apenas devemos nos preparar para isso, mas não devemos nos esquecer de realmente comemorar!

Capítulo 5:
A espiral de crescimento do DNI

Um processo contínuo

O objetivo da Espiral do Crescimento é colocar em prática o ensinamento bíblico sobre o "aumento dos frutos".

"Eu sou a videira verdadeira, e meu pai é o agricultor. Todo ramo que, estando em mim, não dá fruto, ele corta; e todo que dá fruto ele poda, para que dê mais fruto ainda" (Jo 15.1s). "Eu os escolhi para irem e darem fruto, fruto que permaneça" (Jo 15.16). "A quem tem será dado mais, e este terá em abundância. De quem não tem, até o que tem lhe será tirado"(Mt 13.12). Estas são apenas algumas das palavras de Jesus sobre os frutos. As igrejas que implantaram um processo do DNI e passaram por dois, três ou mais ciclos da Espiral de Crescimento geralmente podem se identificar muito bem com estas palavras. Elas expressam sua experiência com perfeição! Isto não deveria ser surpresa, já que a Espiral de Crescimento do DNI foi desenvolvida para colocar em prática o ensinamento bíblico sobre o "aumento dos frutos".

A espiral como uma série de ciclos

Afirmamos ao longo deste capítulo que o que parece à primeira vista ser um ciclo é, na realidade, uma espiral que consiste em uma série interminável de ciclos individuais (ver diagrama na pág. 125). Quanto mais alto na espiral, maior a qualidade da sua igreja. O

Desenvolvimento do índice de qualidade

Representação de seis perfis ao longo do tempo

Este gráfico mostra um exemplo de desenvolvimento de igreja ao longo de um período de três anos. Por trás dos altos e baixos, existem histórias de orações, decisões, crises e sucessos. Quando as pessoas acham difícil aceitar o Perfil do DNI como algo "espiritual", eu lhes pergunto: "O que seria espiritualmente mais relevante para a sua igreja, um gráfico que mostra a evolução financeira da igreja ao longo dos últimos três anos, ou este gráfico que destaca o desenvolvimento qualitativo durante o mesmo tempo?"

Capítulo 5: A espiral de crescimento do DNI

A Espiral de Crescimento do DNI consiste de uma sequência interminável de ciclos individuais. Pelo constante movimento dos ciclos para o nível imediatamente superior, a espiral integra tanto o pensamento linear quanto o circular (ver pág. 101).

mesmo processo por ser repetido ano após ano, mas a cada vez o resultado será completamente diferente.

Espero que eu tenha efetivamente comunicado que a Espiral de Crescimento é mais do que uma jogada de marketing inspirada no mundo dos negócios e aplicada à igreja. Cada uma das fases do ciclo, e cada uma das fases da espiral, está focada em se tornar mais e mais semelhante a Cristo, em irradiar o amor de Deus mais completamente, crescendo em nosso conhecimento de Deus e em seus planos para nós. Imagine que, ano após ano, através de momentos de vitória e de crise, a sua igreja venha a se mover continuamente para cima na Espiral de Crescimento. Você não acha que, olhando para trás, as seguintes palavras de Jesus soam verdadeiras à sua experiência? "Permaneçam em mim, e eu permanecerei em vocês. Nenhum ramo pode dar fruto por si mesmo, se não permanecer na videira. Vocês também não podem dar fruto, se não permanecerem em mim. Eu sou a videira; vocês são os ramos. Se alguém permanecer em mim e eu nele, esse dará muito fruto; pois sem mim vocês não podem fazer coisa alguma"(Jo 15.4s). E você não acha que então haverá inúmeros membros da igreja que serão capazes de atestar que a promessa de João 15.7 se tornou uma realidade? "Se vocês permanecerem em mim, e as minhas palavras permanecerem em vocês, pedirão o que quiserem, e lhes será concedido."

Permanecendo em Cristo

Epílogo: Crescimento da igreja na força do Espírito Santo

Quem quer edificar a igreja no poder do Espírito Santo não pode ignorar constantemente os princípios de Deus.

Há pessoas que não consideram espirituais os princípios que estudamos neste livro. Talvez não os combatam e às vezes até os empreguem, mas obviamente não se empolgam com esses princípios, para dizer o mínimo. Para estas pessoas a ação do Espírito Santo é algo totalmente diferente do que foi descrito nessas páginas.

Espero ter mostrado, pelas considerações feitas até aqui, que essa forma de ver as coisas está mais relacionada com o modelo espiritualizante do que com uma reflexão séria sobre a essência do Espírito Santo como está descrito na Bíblia. Quem quer edificar a igreja no poder do Espírito Santo não pode ignorar constantemente os princípios de Deus. Isso significa que esses princípios serão aplicados da melhor forma possível, apesar de não estarmos acostumados a eles, apesar das dificuldades, da tradição ou da dor que isso vai causar.

A obsessão humana pelo querer fazer

O Desenvolvimento Natural da Igreja é, em resumo, uma declaração de guerra contra toda a tentativa de edificar a igreja de Jesus por forças próprias. Não estou me referindo à polêmica barata contra os cristãos que parecem declarar: "Não precisamos do Espírito Santo. Os nossos belos métodos dão conta de tudo!" Ainda não encontrei esse tipo de atitude nas igrejas que visitei. Com o termo "edificação de igreja por forças próprias" quero dizer algo diferente. Estou falando de cristãos que conscientemente querem agir no poder do Espírito Santo, mas que na prática estão substituindo a ação de Deus por esforços próprios.

Sempre que negligenciarmos os princípios fundamentais de crescimento da igreja que estão baseados na Bíblia e que foram confirmados pela experiência; sempre que ignorarmos as forças de crescimento com que Deus capacitou a sua igreja; e sempre que tentarmos utilizar métodos que consomem muita energia mas não trazem muito retorno — talvez por ignorância, talvez por arrogância —, aí estamos agindo por forças próprias, mesmo que as intenções sejam outras.

Epílogo

O Desenvolvimento Natural da Igreja é constituído dos princípios criados e revelados por Deus. Essa convicção percorreu todo esse livro. Seria um absurdo querer reivindicar autoria divina para este livro. Os conceitos que usamos para a descrição dos princípios são imperfeitos. O procedimento de pesquisa, que nos ajudou a confirmar esses princípios empiricamente, são passíveis de erro. O material de apoio desenvolvido precisa de melhoramentos. Tudo isso, no entanto, não muda o fato básico de que os princípios, que tentamos descobrir e transmitir com meios imperfeitos, encontram sua fonte em Deus.

Infelizmente pudemos tocar em alguns tópicos apenas brevemente neste livro. Essa edição é a tentativa de apresentar uma introdução simplificada ao Desenvolvimento Natural da Igreja, o que em outros livros está descrito e detalhado.

Içar as velas!

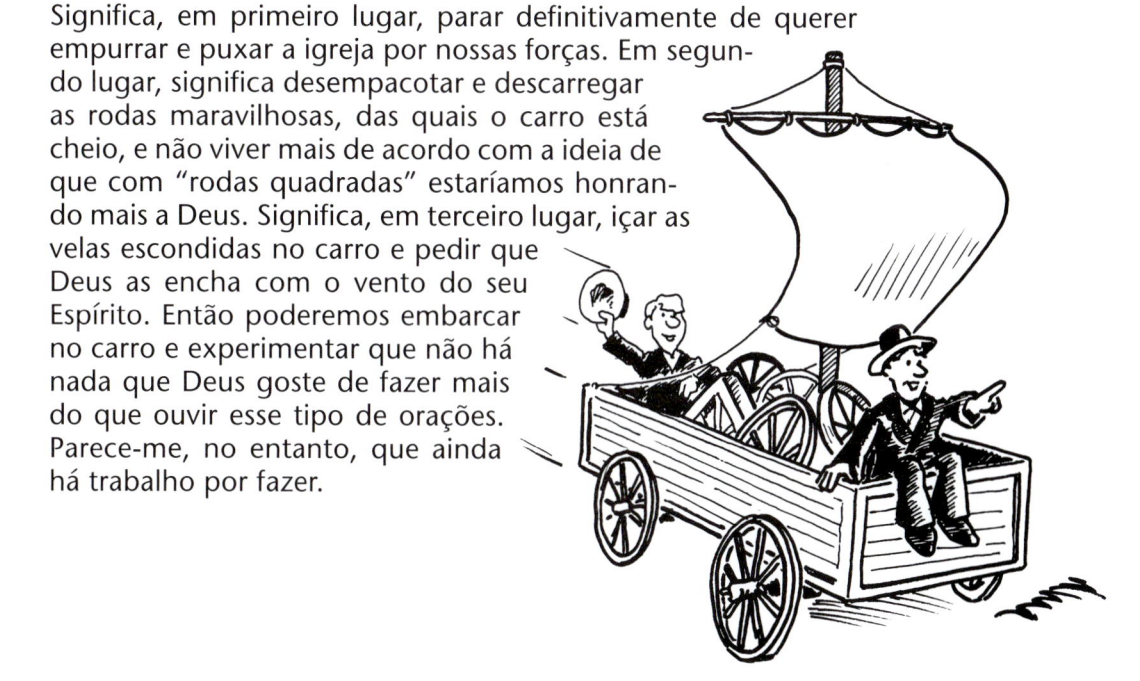

Talvez seja útil voltarmos ao desenho que usamos no início do livro para representar a tentativa da igreja de se mover por forças próprias (veja página anterior). Que significa então, na representação do desenho, o desenvolvimento da igreja na força do Espírito Santo?

Significa, em primeiro lugar, parar definitivamente de querer empurrar e puxar a igreja por nossas forças. Em segundo lugar, significa desempacotar e descarregar as rodas maravilhosas, das quais o carro está cheio, e não viver mais de acordo com a ideia de que com "rodas quadradas" estaríamos honrando mais a Deus. Significa, em terceiro lugar, içar as velas escondidas no carro e pedir que Deus as encha com o vento do seu Espírito. Então poderemos embarcar no carro e experimentar que não há nada que Deus goste de fazer mais do que ouvir esse tipo de orações. Parece-me, no entanto, que ainda há trabalho por fazer.

Conhecendo mais

O caminho por si só — Christian A. Schwarz

Já são mais de 20 anos de realização da pesquisa do Desenvolvimento Natural da Igreja, abrangendo mais de 80 mil igrejas nos 5 continentes. Ao longo do tempo, a caixa de recursos do DNI foi ampliada consideravelmente.

Estamos na fase 3.0 do DNI, com um amplo espectro de ferramentas, inclusive para internet, visando a que todos possam conhecer, praticar e liberar todo potencial do que foi colocado por Deus dentro de cada um de nós.

O livro "O caminho por si só" é um resumo atualizado, objetivo e especialmente preparado para leitura pessoal. Ele é necessário para a rápida capacitação das equipes, ministérios, grupos, obreiros e líderes, a fim de que conheçam tudo o que o DNI oferece.

Uma leitura indispensável para o sucesso na implementação do DNI.

Recursos Práticos — Christian A. Schwarz

As 3 cores do Amor
A arte de compartilhar a justiça, a verdade e a graça com outras pessoas
Para a Marca de Qualidade: Relacionamentos marcados pelo amor fraternal

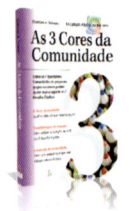

As 3 cores da Comunidade
Como as 7 Qualidades Comunitárias de pequenos grupos saudáveis podem ajudar você a superar os 7 Pecados Capitais
Para a Marca de Qualidade: Pequenos Grupos Integrais

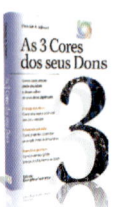

As 3 cores dos seus Dons
Como cada cristão pode descobrir e desenvolver seus dons espirituais
Para a Marca de Qualidade: Ministérios orientados pelos Dons

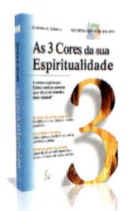

As 3 cores da sua Espiritualidade
9 estilos espirituais: como você se conecta com Deus da maneira mais natural?
Para a Marca de Qualidade: Espiritualidade contagiante

As 3 cores da Liderança
Como qualquer pessoa pode aprender a arte de capacitar outras pessoas
Para a Marca de Qualidade: Liderança Capacitadora

Perfil da Igreja — Christoph Schalk

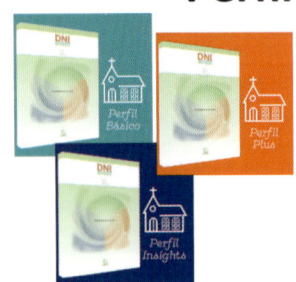

Com estes questionários será possível levantar o perfil da sua igreja da mesma maneira como foi feito com as igrejas que participaram da pesquisa mundial do livro "O Desenvolvimento Natural da Igreja".

O Perfil da Igreja contém 1 questionário para o pastor e 30 questionários para lideranças e demais membros da igreja.